男の子の上手な育て方

＊齋藤　昌【監修】／福谷　徹【著】

太陽出版

――男の子って、
どんなことを考えているのかな――

はじめに

カウンセラーとして仕事の上でたくさんのお子さんと接して感じたこと。それは、近年の親子関係はコミュニケーションが本当に希薄だということです。とりわけ男の子は、女の子よりコミュニケーションが不得手な傾向があり、よりコミュニケーション不足になりがちです。

「コミュニケーション不足」とひとことで片付けてしまうのはとても簡単なことですが、この問題は、男の子の人格形成にも、家庭にもさまざまな影響をもたらします。もちろん、お父さんお母さんは、お子さんに対して愛情がないわけではないでしょう。でも、その愛情がしっかり子どもに伝わっていると言い切れるでしょうか。

「これだけ思っているのだから、自然と子どもには伝わるはず」

「愛情さえあれば、口にはしなくてもわかってくれる」

もしかしてそんなふうに思っていませんか？　愛情は心で思っているだけではなかなか伝わらないものなのです。でも、相手はまだまだ子ども。大人の気持ちを察して理解するには、やはりまだまだ無理があるように感じます。

親が愛情を持って接しているのは、間違いありません。ただ、愛情を全力で振り回しても、しばしばそれは空振りに終わる可能性があるということを理解していただきたいのです。


では、どうすれば子どもに親の愛情を伝えることができるのか……。

愛情はあるのに「子どもに気持ちが伝わらない」「子どもがわかってくれない」のはなぜなのでしょうか。それは、愛情表現の技術～テクニック～が不足しているからなのです。

あなたが、友だちや子ども以外の家族に何かを伝えるとき、会社で誰かに仕事をたのむとき、「どうすれば相手にきちんと理解してもらえるか」「相手に気分良くいてもらえるか」をきっと考えるはずです。大人の社会はそうして成り立っているのに、子どもとの関係では愛情という言葉を盾に親子という関係に甘え、本当に子どもを理解することを怠りがちなのです。とくにコミュニケーションが苦手な男の子の心をつかむためには、より一層狙いを定めていく必要があるにもかかわらず…。

本書では、親が持っている愛情をもっと的確に、しっかりと男の子に伝えるための知恵と工夫と技術を紹介しています。

「これならできそう」「これはうちの息子には効くかも」と思われた部分だけで結構です。あなたの目の前に男のお子さんがいれば、今日からでも簡単に実行できることばかりですから、ぜひ試してみてください。

日々大きくなってゆく男の子とともに、家族が心豊かな日々を送るための〈愛情の伝達技術解説書〉として、この本がお母さんのお役に立てますことをお祈りしています。

臨床心理士　スクールカウンセラー

福谷　徹

男の子の
上手な育て方

はじめに …… 4

第1章・幼児期編 …… 17

＊幼児期の男の子とは＊
～少しずつ男女のちがいが見え始める時期～ …… 18

■幼児期の男の子への接し方
強く逞しくあってほしい？ …… 20

■幼児期の男の子を知る
睾丸とペニス、どんなもの？ …… 23

■幼児期の男の子を知る
ペニスの洗い方 …… 26

■幼児期の男の子を知る
こんなにちがう！　男の子と女の子の脳 …… 29

■幼児期の男の子を知る
おしゃべり上手を目指そう！ …… 33

■幼児期の男の子を知る
ココロの名前を教えよう！ …… 36

■幼児期の男の子を知る
男の子だっておままごとしたい？……38
■幼児期の男の子を知る
ボクのこだわりに気づいてる？……42
＊ちょっとへんなこだわり＊　例えば……こんな事例　45
■幼児期の男の子への接し方
男の子だって泣きたい時がある……46
■幼児期の男の子への接し方
もっとシンプルに叱ろう……49
■幼児期の男の子への接し方
乱暴な子に「注目」と「無視」を……52
■幼児期の男の子への接し方
〝家事〟は〝家族〟のはじまり……56
■幼児期の男の子への接し方
もっとお父さんと遊ぼう！……60

第2章・児童期編

＊児童期の男の子とは＊ 65
～成長しつつもまだまだ子ども～ …… 66
■児童期の男の子とのつきあい方
話はひたすら共感しながら聞こう …… 70
■児童期の男の子とのつきあい方
反抗してもいいじゃない！ …… 74
■児童期の男の子とのつきあい方
今しようと思ってたのに！ …… 77
■児童期の男の子とのつきあい方
叱りかたのコツ …… 81
■◇言い換えのトレーニング◇■ 84
■児童期の男の子とのつきあい方
遅刻や忘れ物はこうすれば減る！ …… 86

第3章・思春期編

■児童期の男の子とのつきあい方
お父さん、出番ですよ……89

■児童期の男の子とのつきあい方
男の子の性に向き合う〈罪悪感〉……91

■児童期の男の子とのつきあい方
男の子の性に向き合う〈隠す性・隠さない性〉……94

■児童期の男の子とのつきあい方
お受験する家庭のみなさんへ……98

■児童期の男の子とのつきあい方
お受験に失敗したとき……102

＊思春期の男の子とは＊……107

〜アンバランスな成長に自分自身も葛藤〜……108

■思春期の男の子を知る
無気力に見えてもキニシナイ……112

■思春期の男の子を知る
まだ子ども？　もう大人？……115
■思春期の男の子を知る
親から離れて自立　ガンバレ！　ひとり立ち……118
■思春期の男の子を知る
母親への反抗は、信頼と甘えの裏返し……122
■思春期の男の子を知る
父親は、将来の自分のモデル……126
■思春期の男の子との対話
親が子どもに「きちんと向き合う」とは？……129
■思春期の男の子との対話
ホントの「本当」に好きなことからSOSを見抜け！……132
■思春期の男の子との対話
〝SOS〟をキャッチしたら……136
ケース1・SOSを発信していた事例　140

■思春期の男の子との対話
親子ゲンカに「常識」を持ち込むな!! …… 142
■思春期の男の子との対話
流行り言葉は禁止? …… 145
■思春期の男の子との対話
携帯電話のルール作り …… 148
■思春期の男の子との対話
進路は子どもが決めるもの …… 152
■思春期の男の子との対話
性について …… 155
■思春期の男の子との対話
恋の話、もっとしましょう …… 159
■思春期の問題への対処
どうして「いじめる子」になるの? …… 162
■思春期の問題への対処
「いじめる子」にさせない! …… 165

■思春期の問題への対処
「いじめ」は解決まであきらめない　立ち向かおう!……168
ケース2・いじめが判明した事例 172
男の子・チェックリストI ――いじめ被害度チェック―― 175
――結果―― 176
男の子・チェックリストII ――いじめ加害者度チェック―― 177
――結果―― 178
■思春期の問題への対処
不登校、解決のヒント……180
■思春期の問題への対処
不登校を長期化させないために……183
ケース3・不登校の事例 186
男の子・チェックリストIII ――不登校傾向チェック―― 189
――結果―― 190

■思春期の問題への対処
家庭内暴力は、すぐに専門機関へ……192
■思春期の問題への対処
煙草は絶対許さない……195
■思春期の問題への対処
どうする？　夜遊び・外泊……199

ケース４・非行の事例　202
男の子・チェックリストⅣ　205
——非行度チェックリスト——　206
——結果——
■思春期の問題への対処
精神疾患は、誰にでも起こりうる……208

●全国相談窓口　211

第1章

幼児期編

✻幼児期の男の子とは✻

～少しずつ男女のちがいが見え始める時期～

生まれたばかりの何もできない子どもが、お母さんのオッパイを吸って、すくすくと成長していきます。最初は一人では何もできなかったのに、1歳前後のころには立って歩き始め、言葉も発するなど、人間本来の特徴をだんだんと備えていくようになります。見たもの、聞いたものをくり返し言葉にするようになり、つたない言葉で少しずつ意志を伝えるようになります。また、自己主張も見え始めます。幼児期は、あかちゃんを育てる一番大変な時期でもありますが、かわいらしいしぐさや思いがけない言動を見ることができる一番楽しい時期でもあります。

女の子と比べるとなんとなく体が固い、しっかりとしているといった印象の違いはあるものの、この時期の男の子の成長は、一見女の子と同じように思えるかもしれません。ただ、一方で脳の働きに起因する男女差はこの時期からすでに表れ始めています。

異性である「男の子の体をどう扱っていいのかわからない」といった基本的な部

分での悩みはもとより、「うちの子は、なかなかおしゃべりをしない」「いつまでもひとつのことにずっとこだわっている」「少し乱暴だ」など、その成長について悩み始めるお母さんも多いようです。初めての子育て、しかも最初の子どもが男の子であればなおさらでしょう。でも、理解出来ない男の子のその行動、言動にはちゃんと理由があるのです。

男の子はどうしてそんなことをするのか？　どうしてこちらの思いが伝わらないのか？　そんなとき、お母さんはどんなふうに男の子に接していったらよいのか……？

まずは幼児期から、脳の違いからくる男の子ならではの特徴を理解しながら、その言動、行動を探っていきます。

■幼児期の男の子への接し方

強く逞しくあってほしい？

いまの親の世代は男女平等教育で育っていますから、気持ちの上で、あまり表立っての男女差別はないかと思います。あかちゃんの洋服選びも、「男の子は青、女の子は赤」なんて決めつけず、この子に似合う色は……と探して選ばれるのではないでしょうか。

でも、「男の子だったら、強く逞しく育ってほしい」という無意識の欲求が隠れていることがあります。

それを指し示すようなこんな実験が行われたことがありました。

まだ生まれたばかりのあかちゃん何人かが、いろいろな服を着て同じ部屋にいるところへ、大人にも入ってもらいます。しばらくしてあかちゃんが泣きだすと、大人はあかちゃんを抱き上げます。このとき、男の子の服を着たあかちゃんは、女の子の服を着たあかちゃんより、「泣いてから抱っこしてもらえるまで時間がかかる」「あやしてもらえる時間の総計が短い」傾向が見られたのだそうです。つまり、「この子は男の子」と判断されたあかちゃんは、実際の性別に関係なく、泣いてもなかなか抱っこしてもらえず、あまりあやしてもらえなかったのですね。

ここで確認しておきたいのですが、「抱っこしない子ほど強く逞しく育つ」という科学的なデータはありません。たとえば「寝ぐずりする子を無視すれば、そのうち泣かないで寝つくようになる」という経験から来る法則はあるようですが、「それは単にコミュニケーションを求めなくなっただけで、逞しくなったわけではない。むしろ、良くない状態ではないか」という反論もあります。

また最近では、スキンシップがあかちゃんの心身の発達にとても良い影響を与えることがわ

かってきて、低体重児医療の現場などにも取り入れられ、高い効果を上げています。「ただ抱っこするだけ」で、あかちゃんの心拍や呼吸が安定し、免疫機能が向上し、体重の増加が促進されるのだそうです。

確かに強く逞しい人は、男女を問わず魅力的です。そして、最初に紹介した実験のように、大人は無意識のうちに、男の子に対してより「強く逞しく」を求めがちです。でも、「強く育てるため抱っこしない」のは、大きな勘違いです。「男の子だから」と言わず、たっぷり、抱っこしてあげてください。

ここがポイント

・男の子も積極的に抱っこして、健康な心身を育てましょう。

■幼児期の男の子を知る

睾丸とペニス、どんなもの？

男の子のお母さんになったら、まずは睾丸とペニスをよくよく観察し、触ってみることをお薦めします。興味本位ではありませんよ！　男の子が自分でそれらを扱えるようになるまで、お手入れにはじまる管理はすべて親の役目。責任重大です。

まずは睾丸ですが、ふくろ（陰嚢）の中に睾丸が入っているのを確認してみてください。胎児のうちは、睾丸は男の子のお腹のほうに入っていて、誕生寸前に陰嚢のほうに下りてきます。誕生後も10人にひとりくらいは、睾丸が下りてきていない男の子がいます。生後1年たっても下りてこない場合は手術などの必要がありますが、日本国内では健診のたびにお医者さんがチェックしてくれるはずですから、あまり気にしなくても大丈夫です。

ペニスはまだ包皮にしっかり包まれた、いわゆる真性包茎の状態です。これについては次項で詳しく述べますが、ばい菌の繁殖しやすいところですから、清潔を保つよう心がけましょう。

幼い男の子は、陰嚢やペニスを実に頻繁に掴んだり引っ張ったりします。汚れた手で触ると化膿して辛いことになったりしますが、それ以外のときは、気にする必要はありません。男の子自身にも、「性器」という意識はないものです。大人でもよくやる、たとえばぼんやりしているとき指のささくれに気づいてずっといじっていたりするような、「たまたま手頃なところに何かあるから」触っている状態です。

触っていると気持ちいいという、いわゆる自慰行為となっていることもありますが、幼年期の自慰行為に性的な意味はありません。放っておいても小学生までにはやらなくなりますし、気になるようでしたら、ほかの面白そうなことで興味をそらしてあげましょう。決して「何やってるの！」ととがめたり叱ったりしないこと。将来的には「性的な」自慰行為が男の子にとって必要不可欠なものになりますから、ここからタブー視を始めてしまうことはお薦めできません。

本来であれば、男の子の性的な事柄の教育はお父さんが担当すべきなのですが、日本の現在の家庭事情では、お母さんがその一部を担わざるをえないこともあります。「そんなことするなんてイヤだ！」という個人的・女性的な感覚は、ぐっと押さえつけておいてください。

また、遊びながらペニスをぎゅっと握っている子がたまにいます。これはたいていは、オシッコを我慢しているようです。オシッコを我慢しても遊びたいのでしょうが、漏らす前にトイレへ行くよう促してあげましょう。

ここがポイント

・幼児期の男の子がペニスを触っていることに、なんら深い意味はありません。とがめたり、叱ったりせず、興味を他の方向に向けるような工夫を。

■幼児期の男の子を知る

ペニスの洗い方

男のあかちゃんのお世話で、お母さんが最初に戸惑ってしまうのが、ペニスに関してかもしれません。わからないことがあっても、他人に聞きづらいのも辛いところですね。

お父さんがたはたぶん、「そんなの自然に任せておけばいいよ」と言われると思いますが、専門家からは、0歳児から包皮を「無理に剥いて（出血しても）」あげたほうがいいという主張も耳にし、生まれてすぐに割礼（少年期に陰包の包皮を切除する）を施す文化もあります。いずれにしても雑菌が繁殖しやすい場所ですし、少なくとも、なるべく早い時期から汚れの溜まりやすい箇所をスミズミまで清潔にしておいてあげるのは、良いことではないでしょうか。

といっても、新生児はみな、そして乳児でも8割が、包皮がペニス本体とくっついている真性包茎の状態です。「剥いて洗ってあげましょう」とアドバイスされても、なかなか難しいかもしれません。

専門家の意見は多様ですが、迷っているお母さんには、何歳からでも構いませんから、お風呂に入れるたびに、イヤがらない程度にそーっと包皮を下へ引っ張り、手でお湯をかけてあげるようお薦めしたいと思います。

小学生くらいからは、「ここが剥けるようになったら毎日洗わないと、ばい菌が溜まりやすいんだよ」と教えてあげるようにしましょう。自分で痛くないところまで皮を下ろすよう促して、お湯をかけてあげます。もちろん、こういったことを男の子に教える役目は、お父さんにお願いしても構いません。

ペニスは性器ではありますが、それ以前に泌尿器、身体の重要な一部です。ウンチのお世話をするのと同じくらい日常的なものと考えて、しっかりお手入れしてあげましょう。

また、普段の状態をきちんと観察していれば、もし化膿したりして痛がることがあっても、腫れているのにすぐ気づいてあげられます。幼児期はほぼ6割が真性包茎のままですから、焦る必要はありません。

いま、「うちはもう小学生になっちゃった！」と慌てているかたもいらっしゃるかもしれませんね。大丈夫、

「お母さんちょっとサボっちゃったけど、今日から洗おう！」

と始めればいいのです。

ここがポイント

・ペニスもお尻のお手入れをするのと同じように、きれいにお手入れをしてあげましょう。
・小学生くらいから自分で洗って清潔に保つよう教えましょう。

■幼児期の男の子を知る

こんなにちがう！　男の子と女の子の脳

女と男では、脳の構造そのものに違いがある……という話を耳にしたことがあるかたは、多いのではないでしょうか。実際、もう20年以上前に、男性の脳の中にだけある「女性を好きになる細胞」が発見されたという報告もあります。

生まれてくるあかちゃんが女の子になるか男の子になるかは、授精のときに決定します。でも、妊娠2ヶ月くらいまでは、身体の構造に男女の違いは見られません。2ヶ月を過ぎた頃から、男の子として生まれる予定のあかちゃんには、テストステロンという男性ホルモンの一種がたっぷり浴びせられ、ここから変化が始まります。

男性ホルモンの一種であるテストステロンには、大脳の左半球、左脳の発達を妨げる働きがあると言われています。左脳は言語や計算を処理する場所ですから、この発達が遅れると、まず目立つのは言葉の遅れです。

さらに、左脳と右脳をつなぐ脳梁という部分にも、テストステロンは影響を与えます。男の子の脳梁は女の子の脳梁より細く、右脳と左脳の連絡が、女の子より密ありません。つまり、右脳と左脳の連携プレーが、あまり上手ではないのです。そのため、同じ年頃の女の子が脳全体を働かせて簡単にできることが、男の子にはなかなか習得できなかったりします。

ただ、男の子の脳も、苦手なことばかりではありません。左脳の発達の遅れを補うように、右脳がどんどん発達していきます。右脳は空間認識や絵画、音楽など、イメージ的なものを処理する脳ですから、たとえばブロック遊びをしたりすると、驚くほど複雑な仕組みのものや、リアルな機械などを作ってみせたりします。そのへんは、お母さんもちょっと楽しみにしていてもいいかもしれません。

そしてもうひとつ。テストステロンは攻撃性や競争心を高める作用があるといわれています。そのため、男の子には一般的な女の子より活発な子が多いようです。

以上、駆け足で男の子の脳の特色を見てきましたが、これらには大きな個人差があります。テストステロンをたくさん浴びれば、「いかにも男性脳」になりますし、少ししか浴びなければ、「けっこう女性の脳に近い男性脳」になるかもしれません。脳は「男の脳」「女の脳」ときっちり二分化しているのではなく、クラデーション状に「すごく男」「わりと男」「まあ男」「どちらかといえば男」という感じに分か

※テストステロン＝男性ホルモンの一種。テストステロンが分泌されると、胎児の脳は男性化していきます。その影響で左脳（言語機能）の発達がやや押さえられ、右脳（空間認知機能）が早く発達すると言われています。

れていると考えてみてください。男の子でも、お喋りでコミュニケーション上手な子もいれば、大人しくて競争の苦手な子もいます。「男の子だから、こうなるはず！」と決めつけず、その子らしさを生かしてあげたいですね。
それでは、次の項で脳の違いから発生する「男の子らしさ」の行動例を、いくつかの具体例から見ていきましょう。

ここがポイント

・男の子は、男性ホルモンの影響を受け、女の子より言語や計算の能力の発達が遅れがちという説があります。反面、絵や音楽などイメージの発達が早いという説もあります。もちろん個人差があります。

■幼児期の男の子を知る

おしゃべり上手を目指そう!

男の子は左脳の発達が抑制されるのだとすれば、言葉の出はじめが遅いだけでなく、コミュニケーションを必要とする日常の活動全般が苦手な傾向があります。そのため欧米では、「男の子の就学を1年遅らせたほうがいい」という識者の意見もあるほどです。

単語が増えないというだけではありません。お喋りというのは、右脳に浮かんだイメージを左脳で言葉に変換して相手に伝えたり、相手の言葉にこめられた感情をイメージで汲み取ったりしながら行われます。左右の脳の連携が苦手な男の子は、この作業が女の子ほどうまくできません。

言いたいことはたくさんあるのに、言葉にできない……そんなとき、とっさに手が出てしまうこともあるでしょう。本人はがんばっているのに、「乱暴で利己的な子」と周囲に判断されてしまうのは、本人はもちろんお母さんにとっても辛いことです。もし子どもの言葉の遅れが気になるなら、小さな子どもと日夜対応している、第3者の専門家（保母さん、小児科医等）に相談してみてください。普段の生活の中で少しだけ気をつけてあげるのは、悪いことではないと思います。

単語は出ていても、文章が出てこない場合は、出てきた単語を復唱するだけでなく、文章にして返します。たとえば、「ワンワン！」と犬を指さすようなら、「ワンワンがいるねえ。白いワンワン、小さくて可愛いね」といった具合です。

文章が思うように増えない場合も同様に対処しますが、さらに質疑応答を交える工夫をすると効果的です。「ワンワンさわってみたい？　○○ちゃんはワンワン好き？」という具合です。絵本などを読んであげるのもおすすめです。これも読みっぱなしではなく、読み終わったあと本の内容を一緒に振り返ってみましょう。「子ギツネは何を買いに行ったのかな？」と、なるべく質問の形にするのがポイントです。

また、言葉の数は増えても、「楽しく会話をする」という形になりづらい子もいます。4歳くらいで言葉への興味が増し、「これなに？」「なんで？　どうして？」とお母さんを質問攻めにしたり、周囲のものを片端からひたすら単語にしたりするのです。質問攻めする子は、たまに「○○くんはどう思う？」と尋ね返してあげるのも手です。意外な答えが聞けて、ハッとさせられることもありますよ。ひとりで喋っている子は、「いま言ってたのは○○のこと?」などと尋ねて、「独り言」から「会話」へと誘導してみてください。

そしてときどき、お父さんにバトンタッチを。子どもの会話のお相手を真剣にこなすのは、男の子相手じゃなくても疲れるものですから。

ここがポイント

・男の子は女の子に比べ言いたいことをうまく言葉にできない子が多い。言葉の遅い子には、言葉を発するチャンス(場面)を多く提供することがポイントです。家族だけでなく、友人との会話も大切です。

■幼児期の男の子を知る

ココロの名前を教えよう！

コミュニケーションの不得手を補うために、もうひとつ、積極的に教えておきたいことがあります。それは「ココロの名前」です。

「嬉しい」「悲しい」といった心の動きは、「犬」や「コップ」のように、指をさして教えることはできません。でも小さな子どもは、自分の感情に名前があることさえ知らないはずです。なんだかフワフワしたいい気持ちになっても、とてもやりきれない苦しい思いをしても、それが「嬉しい」「悲しい」という感情であると教わらないと、「うれしいよ」「かなしいよ」と表現できないでしょう。

お母さんは、子どもの気持ちを、できるだけ正確に、どんどん代弁してあげましょう。マイナスの気持ちでも、きちんと言葉にしてあげることが大切です。「かなしい」「くやしい」「いやだ」「つらい」「むっとした」「がまんできない」「イライラする」……不愉快なことを言葉にして訴えられるようになると、いわゆる「キレる」必要がなくなる、という専門家の意見もあります。

たとえば、「これ買って！」と大泣きされたら、「このお菓子が欲しいんだよね。買ってもらえないと悔しいよね」と感情を代弁してあげましょう。「おうちにおせんべいがあるから、一緒に食べよう」と提案するか、「次に来たら買ってあげる」と譲歩するか、「今回だけ特別よ」と許してあげるかは、お母さんの考えと子どもの様子次第です。

米国の著名な精神科医のひとり、ハリー・スタック・サリヴァンは、愛情の定義を、「相手にとっての満足と安全が、自分の満足や安全と同じくらい重要になること」としています。「あなたは嬉しいのね（お母さんも嬉しくなっちゃった）」「あなたは悲しいのね（お母さんも悲しくなっちゃった）」と繰り返すのは、お母さんの愛情を幼い子どもに伝える、最も簡単な方法のひとつなのです。

ここがポイント

・子どもが表現できない感情を代弁してあげましょう。

■幼児期の男の子を知る

男の子だっておままごとしたい？

コミュニケーションが苦手で、「イメージの脳」右脳が優位な男の子の遊びかたは、自然と「人」より「物」に向いていきます。

女の子は「大の仲良し」さえいれば、何をやっても楽しいようですが、男の子は「何をするのも一緒な友達」よりも、「個々の遊びを一緒にする友達」が優先です。砂場では砂場の好きな友達どうし、ブロックではブロックの好きな友達どうしで仲良くしていますが、遊びが終われば友達解消。そして、何かとても好きな遊びが見つかれば、それだけに夢中になる傾向があります。ここで見つけた友達と、「大の仲良し」になるわけです。

ごっこ遊びも、たとえば女の子は「お店やさん」や「おままごと」で役柄を演じるのが好きですが、男の子はたとえ「車掌さん」になっても、お客さんの切符を切るよりは、「大変な事故をなんとか乗り越える」などのパターンが好きです。個人差はありますが、お母さんがごっこ遊びに誘うときは、このへんの好みを把握しておくと乗ってきやすいでしょう。

そして男の子ならではは、お母さんの悩みのタネになりがちなのが、闘いごっこ。テストステロン（31ページ※参照）の働きで、多くの男の子は4歳くらいから、目立って活発で競争心旺盛になってきます。「ヨーイドン」の楽しさや勝負事が大好きになります。

また、集中すると周囲が見えなくなりやすいのが男の子。探していた虫を見つけた！　となると、泥だろうが籔だろうがずんずん入っていってしまうことも、ままあります。女の子よりもしょっちゅう服が汚れる、破れるといったことは、大目にみてあげたいですね。

こうした遊びにも個人差があります。男の子なのに女の子のような遊びが好きだからといって、「男の子らしい遊びをしなさい」と無理強いをしないでください。

ただ、「男らしさ・女らしさ」は多分に、文化的なものです。たとえばお母さんのお化粧セットで遊びたがる幼い子どもは、それが「女らしいから」触りたがるのではなく、「お母さんがやっているから」触りたがるのです。

世界には、男の人が化粧をする国だってあります。国内でも多くの男性メイクアップ・アーティストが活躍するこのごろですから、お化粧好きの男の子がいてもちっともおかしくありません。大人の先入観で「男の子だから、こんな遊びをしなくては」と決めてしまうのは、可能性を狭めるようで、かわいそうな気がします。

ここがポイント

・男の子の遊び方は「人」より「物」に興味が向きがち。そして集中すると回りが見えなくなる場合も。
・男の子の遊びにも個人差があります。大人の側が「男の子らしい遊びを」と決めつけず、熱中していることを自由にさせてあげましょう。

■幼児期の男の子を知る

ボクのこだわりに気づいてる？

右脳と左脳がアンバランスで、しかも連絡がうまくとれていない男の子の脳は、様々な現象の全体像を総括して見るのが不得意です。TVをつけっぱなしで食事をしていると、すぐ完全に箸が止まってしまうのも、このバランスに欠けた脳のせい。全般に「ながら」の作業は苦手なようです。逆に一点を注視することは得意で、ときに驚くような集中力を発揮します。

この集中力が生活面で発揮されると、しばしば「変なこだわり」になります。靴下が上までぴしっと上がってないと気になって仕方なかったり、何度叱ってもついコップの水に手をいれてしまったり。たとえば女の子が「この服しか着ない」と言い張るのは、「この色が好き」「リボンのヒラヒラが楽しい」など、幼いながら理由があるのですが、男の子のこだわりは、「これじゃないとダメだから」という、理由にならない理由の部分が大きいようです。

この変なこだわりもたいていは一過性のもので、年齢とともに「変」な部分は薄れてきますので、ほどほどにつきあってあげましょう。ただ「こだわり」のほうはしばしば大人になっても残り、うまくいけば「個性」と呼ばれるようになります。

さて、前にも述べましたが、男の子は言葉による意思表示が苦手です。そのうえこだわりが強い傾向があるため、相手の表情や仕草など全体の雰囲気を読んだりすることも、女の子ほど上手ではありません。つまり、総じてコミュニケーション力に弱点があります。そのうえ、後述しますが、男の子は「感情を抑制され育てられる」傾向にあり、ますます自己表現が苦手になっていきます。

しかし、感情表現が苦手だからといって、感情に乏しいわけではありません。友達が辛い目に遭っていたら、女の子なら「私にできることはない？」とすぐに口に出すけれど、男の子は黙って手伝うか、手伝えないことであれば自宅へ戻ってひとり、「何か僕にできることはないのかなあ」と悩む、その差です。

だからこそ余計に、お母さんの観察力や感受性が必要になってくるのです。子どものサインを見逃さないこと。子どもがどうしてほしいと思っているかを、敏感に感じ取って対応してあげられること。実際、アメリカではこの「親の感じ取る能力」について研究が行われ、子どもの気持ちに敏感な両親の子どもほど、認知力や言語力が高いという結果を得ています。

これには日々の積み重ねが必要です。泣き声を聞いて「おっぱいかな？　眠いのかな？」と考えることに始まり、子どもの要求を感じ取りながら受け答えするうちに、身についていてくる能力です。

ただ、この能力を育てるのが難しくなる原因が、男の子の親にはあるのです。次項では、男の子にさまざまな悪影響を与える、「男らしさ」のプレッシャーについて考えてみましょう。

ここがポイント

・男の子は総じて「こだわり」が強く、コミュニケーションが苦手、素直な感情を表現することが苦手です。表にはなかなか出ない、子どもの要求を親が感じ取ってあげるため、普段からよく観察し、感受性を磨きましょう。

＊ちょっとへんなこだわり＊

例えば……こんな事例

① 肉が大好きなようだが、脂肉の部分しか食べない。

② あるひとつの会社のジュースしか飲まない。

③ きれいに洗ってある同じ服が２着あっても、必ず一方だけを着る。

④ ある色が好きで、何でもその色のものを選ぶ。

⑤ 回転寿司に行くと、いつも「最初に食べるもの」「最後に食べるもの」を決めている。

⑥ 初対面で人に会った時に、相手のニオイをかぐ。

⑦ 靴は絶対にひものあるものしか履かない。

⑧ 話しかける動物と、絶対に話しかけない動物がいる。

⑨ ペットボトルのふたなど、役に立たない物を集める。

⑩ 本人しか知らない、宝物の隠し場所がある。

■幼児期の男の子への接し方

男の子だって泣きたい時がある

男の子に接するとき、親はその感情に対して無視、または抑圧しようとする傾向があります。わかりやすい例をあげれば、転んで泣いている子を慰める場合、女の子には「痛かったねえ」と共感を示すのに、男の子には「ほら、泣かない泣かない」と笑顔を作りながらも男の子の感情を抑圧するのです。極端な反応では、「そんなことで泣くなんて！」と笑いとばしたりもします。これは、親の側が意識するしないに関わらず、「弱音を吐かない、強い男の子に育ってほしい」という気持ちからくるもののようです。

しかし、これによって本当に強い男の子が育つというデータはありませんし、むしろ弊害を生む可能性が示唆されはじめています。アメリカでは、「男らしさ」を強要する男の子の子育てと、成人男性の家族への暴力や問題行動について、強い関連性が指摘され研究が進められています。

もちろん、強いのは悪いことではありません。しかし、子どもが泣いているのをからかったり、「そんなことで！」と悲しさを否定し続ければ、「強そうに振る舞うのが上手」にはなるでしょうが、「ほんとうに芯から強い」子に育つかどうかは疑問です。そして、強そうに振る舞うコツを身につけただけの、本当は精神的にさして強くない男の子は、自分の弱さを認めたくないとき、どんな行動を起こすのでしょうか。

ボストン大学エクター・グリーフ教授のリサーチによれば、母親に子どものための物語を創作してもらうと、男の子が対象の場合のみ「怒り」という表現が頻出したそうです。「泣いてはいけない」「弱音を吐いてはいけない」そんな男の子に許される唯一の感情が「怒り」。追い込まれたとき、男の子は否定された感情のエネルギーをすべて怒りへと向けます。成人男性による家族への暴力は、そうしたところから発生していると考えられます。

「強い子に育って」という願いは、男の子の親が抱きがちなありふれた望みかもしれませんが、そのために心の底にある感情を無視・抑圧する形で男の子に接するのは、誤った方法ではないかと感じざるをえません。

ドイツで生まれヨーロッパを中心に高い評価を得ている教育法のひとつ、シュタイナー教育では、ウォルドルフ人形という表情の曖昧な人形を幼児に与えます。「いつも笑顔」ではなく、見る側の気持ちによって表情を変える人形は、子どもの折々の気持ちに寄り添う存在の大切さを示しています。辛い思いをして泣きたいときは、「辛いでしょうね」と理解してくれる人の存在が、大きな心の支えになり、自己肯定の土台になる。それは大人でも体験しているはずです。「強くなろう」と頑張っている男の子を応援してあげるのは結構ですが、弱さも否定せず受け止めてあげることが大切です。

泣いている子を見て、「泣き虫なダメなやつ」と言う男の子と、「ぼくも泣き虫だったからよくわかる。大丈夫?」と言う男の子、どちらの「強さ」を望みますか?

ここがポイント

・強い男の子に育ってほしいという思いから、「泣くな」「弱音を吐くな」と男の子の感情を抑圧しても、表面的な強さしか育ちません。弱さへの共感が大切です。

もっとシンプルに叱ろう

■幼児期の男の子への接し方

男の子は女の子より、言葉によるコミュニケーションが苦手な傾向があります。だから、叱りかたもツボを押さえないと、期待する効果が得られないことがあります。たとえば、おもちゃを散らかしっぱなしの部屋にうんざりしたお母さんは、思わずこんなふうに言ってしまったりしますよね。

「あーあ。このお部屋、どうしてこんなに散らかってるの?」

「○○くんは、いつになったらここを片づけてくれるのかしら」

幼い子どもに、この「質問」の裏の意味を汲み取りなさいというのは、ちょっと酷な話です。男の子であればなおさらでしょう。こういうときはシンプルに、「このおもちゃを片づけて!」と指示してください。

そしてできれば、これはお母さんに心の余裕があるときだけでもいいですから、「さあ、一緒におもちゃを片づけましょう」とか、「おもちゃを片づけてもらえるかな?」と言ってみましょう。「疑問形」より「指示」、「指示」より「誘いかけ・お願い」です。

もう一点、ついお母さんがやってしまいがちなのは、理由をいろいろ説明することです。

「散らかしっぱなしだと、これからごはんを食べたときに、おもちゃを汚してしまったりするでしょう？　だから片づけないといけないの、わかる？」

「こんなに言っているのに片づけができないなんて、お母さんは悲しいわ」

子どもに納得してもらおうとして頑張るのでしょうが、言葉の数が増えれば増えるほど、男の子には「お母さんが何を言いたいのか」ポイントが掴みにくくなります。おもちゃを片づけろと言いたいのか、おもちゃを汚しちゃダメと言いたいのか、お母さんを悲しませないでと言いたいのか……。

もともと女性は、コミュニケーションの得意な「お喋りな性」です。たくさん言葉を並べても、そこから全体像を把握するのが得意。でも、女友達に話すのと同じ調子でお父さんに相談を持ちかけて、「要点を言ってくれ！」と返された経験のあるお母さんはいらっしゃいませんか？　男の子にも、「要点を言う」気配りが大切です。お父さんのように「はいはい、だいたいわかったから、もういいよ」と言えない年のうちは、お母さんの自主規制が必要かもしれませんね。
シンプルに、誘いかけか、お願い口調で。これが、男の子を叱るときのポイントです。

ここがポイント

・男の子を叱るときは、遠回しな言い方は避け、要点を直接的に。できるだけ「誘いかけ、お願いをする」口調で指示を出しましょう。

■幼児期の男の子への接し方

乱暴な子に「注目」と「無視」を

男の子の「活発」さは、しばしば「乱暴」に転じてしまうことがあります。目立って乱暴な子がいると、すぐに「お母さんの愛情不足」といった話が出てきますが、最近は「注目不足」という解釈もあり、そこからのノウハウが効果を上げていますので、ご紹介しましょう。つまり、男の子が親から見て必要以上に大騒ぎをするときは、「注目を集めたい」意識が強く働いているのではないかと疑ってみるのです。

考えてみていただきたいのですが、子どもがケンカを始めたら飛んで行って叱る、「子どものことを愛情深くよく見ている」お母さんでも、子どもどうしが仲良く遊べているうちは、邪魔をしないようにそっと見守るのが一般的ではないでしょうか。しかしこれが子どもには、「乱暴なことをすれば注目を集められる」と誤解されてしまうこともあるのです。活発な男の子であれば、これは確かに、とても手軽に注目を集められる方法ですね。

この意識を、「仲良くすれば注目を集められる」という意識に変えられれば、男の子は自分からみんなと仲良くするようになります。そのためには、「適切に褒める（注目する）」と、「適切に無視する」を、必ず両方、過不足なく行う必要があります。

まず、ケンカしないで上手に遊べているとき、褒めてみてください。

「○○くん、仲良く遊べてるね。小さい子の面倒みてあげられるなんて、すごいね」

このとき、ただ「あなたはいい子」と本人を褒めるのではなく、「おもちゃを貸してあげたの？　いいことをしたね」など、行動を褒めるのがポイントです。

周囲の、仲良く遊べている子たちを褒めるのもいいでしょう。ただし、本人に「○○ちゃんは仲良く遊べてるのに」などと言わないこと。比較は逆効果です。

そして、乱暴なことをした場合は、叱らないで、無視をしてください。相手の子や相手のお母さんにはもちろん謝りますが、事前に「こういうことがあったら、無視してください」とお願いしておくといいでしょう。お母さんどうし、お喋りを始めてしまうのもひとつの方法です。つまり、「暴れている人には誰も注目しません」という顔をするのです。しばらくは、「無視するならもっと暴れて注目を集めよう！」と余計に暴れるかもしれませんが、やがて子どもも、これでは誰も注目してくれないと気づきます。

そこでもし、誰かに声をかけて仲間に入れてもらっていたら、即座に褒めてください。お母さんも嫌な思いをしているかもしれませんが、「そんなことちっとも気にしてない」顔をして褒めるのがポイントです。

繰り返しますが、「褒める（注目する）」と「無視する」は、片方だけ行っても効果が得られません。また、子どもの行動に合わせてお母さんがすぐ反応する必要がありますから、上手にできるようになるまではお母さんも訓練が必要です。もし日常で、子どもが繰り返しやりがちなことがあったら、あらかじめそれを箇条書きにして、「このときは、こう褒める」「このときは、こう無視する」と自分の行動を予習しておくのもいいでしょ

う。その場でいちいち「ああ怒っちゃダメ怒っちゃダメ……」などと自分をなだめる必要がなくなります。

この方法が身についてくると、怒ったり怒られたりで親子そろって感じていた余計なストレスが減少してきます。命に関わるような危険なことをしたがる場合には使えませんが、いろんなタイプの子に広く応用できますので、ぜひ試してみてください。

ここがポイント

・男の子の乱暴な行動は、注目を浴びたい気持ちからきていることも。でも、乱暴な行動には関心を示さず、「それでは注目を浴びられない」ということを理解させる。

・逆に友だちと仲良くできたときなどにはたくさん褒め、「これで注目を浴びられるのだ」ということを伝える。

■幼児期の男の子への接し方

〝家事〟は〝家族〟のはじまり

全員がそうではありませんが、「脱いだ上着はハンガーにかける」などの生活習慣が身につきにくい男の子がいます。これには、脳の構造の違いのところで述べたように、女の子に比べて社会的な面に関心が薄く、人の真似をしたがることが比較的少ないからという理由もあるかもしれません。が、もうひとつ見逃してはならないのが、男の子だと「できなくてもしょうがないか」と、お母さんがつい世話を焼いてしまうというパターンです。

子どもが小さいうちは、必ず「ジブンデやる！」と、ひとりでやりたがる時期があるはずです。この時期を見逃さないようにしましょう。時間がかかっても、靴が左右反対でも、なるべく手を出さずに見守るのです。「ジブンデ」できた子どもは誇らしい気持ちでいっぱいですから、「よくできたねえ。上手だねえ」と褒めながら、さりげなく、かけ違ったボタンを直してあげます。

家族みんなの食事を用意する手伝いなども、積極的にやってもらいたいですね。

これも、「ごはんですよ」と呼んだら、「お箸を並べるのは子どもの仕事」という具合に、当番を与えます。「ごちそうさま」をしたら、自分の食器は自分で運ぶとか、最後のテーブル拭きはやってもらうとか、お母さんにとっては二度手間が増えることでも、そこはぐっとこらえて。

洗濯物の整理や掃除も、なるべく手伝ってもらいたいですね。シャツのたたみかたはグチャグチャ、モップをかけたあとはホコリだらけかもしれません。でも、自分からやりたがる幼いうちから「自分のことは自分で、家族のことはみんなで」という意識を持ってもらうことが大事です。そして「家事は女の子だけのもの」として決めつけないことです。

時代、地域性など男尊女卑のなごりから"男の子に家事をさせない"という考えが未だに残っているようですが、こういったことで男らしさを教えるよりは、何でも自分でやって自立させることのほうがずっと大切なのです。

こうした家の手伝いは、将来のひとり暮らしや家庭をもったときに役立つだけではありません。男の子は中学生くらいになると、急に無口になって、悩みごとも話してくれなくなるものです。そうなってしまう理由や対処方法については、後の章を読んでいただくとして、口の重くなった男の子に本心を話してもらうには、「何か作業を一緒にしながら」がいちばん自然にうまくいくようです。

たとえば一緒にお皿を洗いながら、目を合わせずに他愛のない話などするうちに、ふと悩みを打ち明けてくれたりします。そうした土壌を作っておくためにも、男の子こそ、家の仕事を分担する習慣を身につけておきたいですね。

そして、お手伝いがどんなに下手でも、「ありがとう」「助かるなあ」「上手にできたね」などの言葉を忘れずに。

「いちいち褒められなくても、自分のことを自分でやるのは当然！」というのは、大人のルール。ついこの間まで、ひとりでトイレへ行くのさえ「えらいえらい」と褒めてもらわないとできなかった子どもには、まだまだたくさんの褒め言葉が必要なのです。

ここがポイント

・子どもが何でも自分でやりたがる時期を見逃さず、「自分のことは自分で、家族のことはみんなでやる」という習慣をつけさせましょう。

・あとから親がやり直すことになっても、お手伝いをやったことに対して必ず褒め、感謝の言葉を。

■幼児期の男の子への接し方

もっとお父さんと遊ぼう!

最近は育児に積極的に関わってくれるお父さんも増えてきました。男の子の育児には、子どもがうんと小さいうちから、より積極的にお父さんに関わっていただきたいものです。

実は男の子の成長ステージで、お父さんの本当の「出番」はもう少し先です。でも、幼いうちからお父さんが遊んでくれると、とてもたくさんのメリットがあるのです。

ひとつには、お母さんとは違う刺激を子どもに与えて、よりバランスのいい発達を促すこと。お父さんの遊びはお母さんより動的で、子どもを興奮させる傾向にあります。「高い高い」やレスリングなど、お母さんはあまりしないバリエーションで遊んでもらえるのは、子どもには本当に嬉しいことです。また、取っ組み合いであまり強く相手を攻撃したとき、「これ以上はダメ!」とストップをかけるのもお父さんの役目。テストステロンの働きで攻撃的な遊びが好きな男の子ですが、攻撃の中でも相手を傷つけない手加減を学ぶことで、男の子どうしの健全な遊び方を学んでいくことができます。

もうひとつ大事なことですが、お父さんが子どもと遊んでいるあいだ、お母さんはなるべく息抜きの時間をとりたいものです。子育ては24時間勤務ですから、臨時でも交代要員がいると、とても助かりますよね。

そして、これがいちばん肝心な点。お父さんは、子どもがもう少し大きくなったら、「大人の男性の雛形（見本）」になります。お母さんには相談しづらいことも、お父さんになら話せるという環境を整えておくことで、子どもはとても安心します。

また後述しますが、中学生くらいになってから、いままで自分に関わってこなかった父親が急に出しゃばってきて訳のわからないことを言い出すと、男の子は拒否反応を示します。小さい頃から「一緒にいられる時間は少ないけど、いつでも気にかけているんだよ」というサインを送り続けて、初めて「いざというときのお父さん」という切り札は生きてくるのです。親の背中を見て育つ、とはいいますが、正面を向いたときの顔もちゃんと知っているからこそ、背中に信頼感を抱くのではないでしょうか。

もうひとつ、とても興味深いデータがあります。

男の子を育てるとき、父親が関わることによって得られる子どもの利点については、それこそ数え切れないくらいのリサーチデータがあります。感情が安定する、思いやりのある子になる、問題行動を起こしにくい、学業やスポーツで好成績を上げやすい、成人後もキャリア面で実績を上げる、健全な家庭を築く、などなど。

ところが実は逆に、お父さん側の利点についてもデータがあるのです。ウェルズリー大学のバーネットとマーシャルによる、共働き夫婦を対象としたリサーチによれば、子どもと良い関係を保っている父親は、身体的にも健康だったそうです。ぜひ、「子育て健康法」を生活に取り入れてください。

ここがポイント

・幼い頃から父親が遊んでくれることには、男の子にも、父親・本人にも大きなメリットがあります。可能な限り、一緒に遊んであげましょう。

第2章

児童期編

✱児童期の男の子とは✱

～成長しつつもまだ子ども～

小学校に上がる頃になると、のんびり成長している男の子も、次第に自我が確立してきます。お母さんの言うことならなんでもウンウン頷いていた時代から、自分なりの好みをはっきりと主張するようになるのです。

学校でお母さんの知らない友達を作り、お母さんには興味のないゲームなどの流行に夢中になったりします。上級生の真似をして「男っぽい」言動を見せたりもして、お母さんにとっては、急に大人ふうなことを言って……と淋しいような気持ちになるかもしれません。

小学生時代というのは、お母さんへの愛着心は残っていますが、お父さんやほかの大人の男の人を意識しはじめる時期でもあります。幼児期が「人間として」の基礎を築く時期であったとすれば、小学校時代は「男性として」の基礎を築く時期。お父さんも、いよいよ出番です。

また男の子の場合、女の子より「競争する」ことで自己主張しようとする傾向が強いため、ごく軽い反抗が頻出することがあります。ただし、この時期の反抗は、とても大事です。

このあとで対処方法を詳しく述べますが、反抗は発達段階として健全なものですから、抑えつけず上手に育ててやるべきなのです。それに、この時期の反抗は、良くも悪くも、男の子の本音を反映しています。ホンネとタテマエの区別なく、見たまま思ったままをそのまま言葉にしているのです。

しかしこれはお母さんにとって、なかなかしんどいことですね。「デブ」「ブス」「チビ」と本人の目の前でストレートに口に出されたら、たまったものではありません。会話の技術が女の子より未熟な男の子は、本当に「余計なことを言ってくれる」ものです。

でも、このストレートさは、男の子特有の正義感の発露にもつながっています。もちろん女の子にも正義感はありますが、男の子ほど顕著に表面に表れることはありません。男の子の正義感は、女性から見ると「バカジャナイノ」と言いたくなるような行動も多いでしょう。しかし、自分の得にならないことでもムキになって努力するのは、コミュニケーションを言葉に頼る割合の少ない男の子の、しかもストレートな児童期ならではの、健気で魅力的な特性です。このまっすぐな気持ちをずっと忘れないでいられたら、世の中にいじめはなくなるかもしれません。

ときどき大人びた口をきくことがあっても、まだまだ子どもなのがこの時期。少しずつ成長してゆく姿を眺められる楽しさがあるはずです。思春期になると「それどころじゃない!」といったお母さんも多くなるようですので、今のうちに成長過程にある男の子とのコミュニケーションを楽しんでみてはどうでしょうか。

■児童期の男の子とのつきあい方

話はひたすら共感しながら聞こう

帰宅したとたん、「お母さん、今日学校でねえ」とペラペラ喋りだすのは、女の子のほうが多いようです。男の子の親としては気のもめるところですが、あまり詰問するように学校の様子を尋ねるのはおすすめできません。むしろ、何かあったとき男の子が話しやすい雰囲気を、常に心がけるほうが大切ではないかと思われます。話しやすい雰囲気とは、「黙って、頷きながら、自分の意見や解決策を一切述べずに聞く」雰囲気です。

子どもは「聞いてほしくて」話をします。「意見や解決策を話してほしくて」ではないのです。「お母さん、聞いて聞いて」とは言いますが、「話して話して」とは言いませんよね？

男の子は女の子ほどすらすらと自分の気持ちを表現できない子が多いですから、「あのね……」と言ったきり黙ってしまうかもしれません。でも、先を急がせないで。「あんな奴、ぶっ殺してやる！」と叫んだとしても、「そんな言葉は使っちゃダメ！」といきなり否定せず、「ぶっ殺したい？　ケンカでもしたの？」と先を促してください。言葉にならない部分は補ってあげながら、一切自分の考えを述べずに、ひたすら子どもの気持ちを吐き出させましょう。

ひととおり話を聞き終えても、「それはこうするといいのよ」と先回りしないこと。「お友達の気持ちも少し考えてみたらどうかな？」などと意見も出さないで。子どもが困っているなら「それは困ったことになったね」と、怒っているなら「それは腹がたつね」と、一緒に頷くのです。

幼児期の章で前述した通り、男の子の親はとくに、この「黙って共感してあげる」のが下手になる傾向があります。男の子なら、苦しいこと

や辛いことにも強く立ち向かってほしいという想いがあるのでしょうか。「そんなことでクヨクヨしないの！」「気にしちゃダメよ」と、励ますつもりで、つい『悩み自体』を否定するような態度をとってしまったりします。

それをしないで、ただ頷くことで、子どもは安心感を抱きます。「ボクのどんな気持ちでも、お母さんは聞いて受け止めてくれるんだな」と。怒りや悲しみ、苦しみ、やりきれなさなど、多くのマイナス感情と、人は向き合っていかなくてはなりません。マイナス感情は「持ってはいけないもの」ではなく、「コントロールしながらつきあうもの」。その訓練の機会さえ奪われなければ、たいていの子どもは自然とコントロールの方法を学んでいきます。

「……ぶっ殺すのはやめて、こんどはケンカしないようにしてみる」

子どもが自分からそう言い出すまで、黙って頷いて聞いていましょう。聞いてあげるという行為は、簡単なように思えて、実は親にとって大変難しいことですが、親はまずは聞き役に徹しましょう。一度飲みこむことが大切です。

ここがポイント

・子どもの話をひたすら共感しながら聞く努力をしてみましょう。意見を言わない、提案をしない、励まさない、結論を出さない、母親に「マイナスの感情を吐きだしても大丈夫なんだ」と子どもが安心できるようにしましょう。

■児童期の男の子とのつきあい方

反抗してもいいじゃない！

子どもの成長過程での反抗心は、男女を問わず共通のものです。親との好みの違いを主張する反抗もあれば、自分の意見がどこまで通るかを推し量るための反抗もあります。どちらも発達段階には必要不可欠なものですし、頭ごなしに抑えつけることは避けましょう。

反抗が大切なのは、その先に「交渉して自分の意見を通す」作業が控えているからです。ただでさえコミュニケーションが不得手になりがちな男の子が、小学校時代にお母さんにいつも言い負かされて反抗を抑えつけられていたのでは、思春期になる頃には、「反抗」は「断絶」に転じてしまいます。そのときになって「うちの子は何も言ってくれなくて……」と嘆いても、それまで「何も言わせない」ように接してきたのでは、修正するのは大変でしょう。

かといって、迎合したり機嫌をとったりするばかりでは、交渉する力や我慢する力が育ちません。この時期必要なのは、しっかり反抗させることです。反抗され言いなりになるのではなく、飽くまで「お母さんは、意見を聞いてあげてもいいよ」というスタンスで反抗させましょう。ダメなものはダメだし、しばらく我慢すれば通る要求なら、我慢するよう伝えます。つまり、子どもは「自分の好き勝手にできる」のではなく、「自分の意見が親に認められる」形で意志を通すわけです。

とはいえ、小学生の男の子の反抗なんて、可愛いものです。

「今度のお休みは、みんなで動物園へ行こうか」

「えーっ。遊園地のほうがいいな」

こんなときは、動物園の良さをどんなに説いて聞かせても効果はありません。ここはひとつ「うーん、じゃあ今回は遊園地にしようか」と譲って、男の子に「自分の意見が通った」満足感を味わわせてもいいでしょう。「遊園地はお金がかかるから、夏休みまでお金を貯めてからにしない？」というのもいいですね。要は男の子が、「自分の意見も、家族の一意見として尊重してもらえる」と感じてくれたら、健全な反抗は続き、断絶は起こりにくくなります。

こうした反抗が頻出するかしないかは男の子の性格にもよりますが、お母さんが何かを提案するときは、最初から、反抗されることを予測しておいたほうがいいかもしれません。また、どうしても言うことを聞かせたいときは、２つ以上の選択肢を出して選ばせるようにします。お風呂に入ったあと、すぐに寝るのがイヤだと言うなら、「じゃあ10分間だけマンガを読むのと、10分間だけＴＶを観るのと、どちらがいい？」といった調子です。「じゃあ10分だけゲームをしたい」「マンガ。でも、20分は読みたい！」と交渉してくるなら、譲ってもいいですよね。ただ、あくまでも、この時期の最終的な決定権はお母さんにあるのです。

ここがポイント

・男の子の反抗心（主義）は、歓迎しましょう。
・反抗は頻出することも。スムーズに話し合いを進めたいときは、最初から2つ以上の選択肢を用意して選ばせます。
・この時期の最終決定権はお母さんにあります。

■児童期の男の子とのつきあい方

今しようと思ってたのに！

お母さんにも、自分が子どもの頃に覚えはありませんか？

言い訳半分、本気半分のような言葉ですが、言葉の遅い男の子も、そろそろ小学生くらいになると、懐かしい（？）この言い訳を口にしはじめるはずです。

「今、しようと思ってたの！」

ここで「言い訳してないで、さっさとやりなさい！」と叱ることは簡単ですし、子どももムッとしながら仕事を進めてくれるでしょう。でも、ちょっと考えてみたいのですが、お母さんが子どもを叱る目的の、最終的なところは何でしょうか？

「とりあえずは、日常的な作業をいちいち言われなくても、スムーズにこなせるようになること」ではないでしょうか。

では、どうして子どもがそれを出来ないかを考えてみましょう……いえ、その前に、自分自身を振り返って、日常のあれこれをどうこなしているか、チェックしてみてください。

やらなくてはいけないな、と思うことをすぐ行動に移しているでしょうか…。必ず時間を守っていますか……。

もし「私も完璧じゃないな」と感じたら、今度は小学生のときのあなたを思い出してほしいのです。おそらくその頃はあなたもまだまだ未発達だったはずです。でも今は、少なくともあの頃よりは、料理も掃除も上手になっているはずですし、自分の気持ちをコントロールしたりお金のやり繰りも上手になっているでしょう。

つまり、そういうことです。小学生なんて、まだまだ発展途上なんです。大人との会話もこなすし、「すぐやるよ」と立派な返事はできるけど、本当にそれを実行に移す力は、まだまだ未発達。まさに、「今成長しようと思っているところ」なんですね。

でも、成長しているとはいえ、小学生の男の子なんて実際は出来ないことだらけ。男の子側にしてみれば、出来ないことばかり毎日毎日指摘されるのですから、言い方次第では、イライラしても不思議ではありません。あまりに窮屈な予定は大人でも辛いものです。

解決法としては、まずお母さんは「予告」をしましょう。今すぐ来るように呼ぶのではなく、たとえば「あと10分でごはんができるから、10分後に来てね」と声をかけるのです。これは、今やっていることとは別の予定を実行に移させるときや、何か手伝いを頼みたいときも同様です。

ＴＶを観たりマンガを読んだりといった楽しい時間を、急に中断させるのではなく、「10分後に中断」と余裕を与えることは大切です。大人どうしで仕事をお願いするときも、「今すぐ」ではなく「今日中なんだけど、あとで手があいたときにでも」とお願いしますよね？

ただし、小学生低学年の男の子であれば、10分後に約束通り自分からやって来ることは、まずないでしょう。そこでもう一度、「10分たったよ。そろそろいいかな？」と声をかけましょう。男の子自身も、「約束は覚えているし守る意志もあるけど、身体が動かなかっただけ」ですから、叱る必要はありません。スケジュールや約束を、「思い出して」と促すだけでいいのです。

個人差はあるものの、この失敗は、何度も何度も繰り返されるかもしれません。そんなときはイライラせずに、「今成長しようと思っているところ」だということを思い出してください。そしてまだまだ手がかかる年頃なんだから……と苦笑いしていてください。

失敗しながらも、子どもは日々成長していきます。手をかけさせてくれなくなるまでは、あっという間です。

ここがポイント

・何かを指示する場合は、「今すぐ」ではなく、「10分後」または、「今日中」など、余裕を与えること。

■児童期の男の子とのつきあい方

叱りかたのコツ

うちの子は何度言ってもきかなくて……という嘆きは、やはり男の子のお母さんからよく聞かれるようです。

幼児期であれば、危険なことや人に迷惑をかけることなど、「してはいけない」を叱るだけで充分でした。でも小学校に上がるころからは、「すべきことを、しない」を叱る場合が増えてきます。

叱るのも叱られるのもイヤなものですが、叱るときに「しない」ことに重きを置くのか、「すべき」に重きを置くかで、雰囲気はだいぶ変わってきます。

たとえば、スムーズに宿題を終わらせてほしいのに、なんだかダラダラしている様子で、いつまでも終わらない。ここで、「いつまでかかってるの！」と言うか、「さあ、早く済ませちゃってね！」と言うかで、子どもの側の気持ちも違ってきますよね。叱るときは、肯定文で叱りましょう。男の子にはとくに、すべきことをシンプルに指示する言い回しのほうが有効です。幼児の項で述べたように、「お願い」

や「誘いかけ」の口調で指示を出すのもおすすめです。

さらに、「叱る」のではなく「声かけ」にできれば、叱る側もストレスが少なくて済みます。「さっさと終わらせて！」と言うかわりに「手が動いてないよ」「半分まできたね。よしよし」「集中して！」「ほら、あと少しじゃない」などと、こまめに声をかけます。これなら途中で「おっ、快調だね」などと褒め言葉を入れることもできますから、ただ「急いで急いで」と言われるより子どもも楽ではないでしょうか。

そもそも、何度言ってもきかないということは、何度大きな声で叱りつけても効果が出ないのだから、これ以上同じ方法で接しても無駄ということです。「どうしてこの子はわかってくれないんだろう」と思ったら、「じゃあ、この子がわかってくれる言い方って、どんなふうかな?」と工夫してみるのも大切ですね。

お母さんが愛情をもって叱っているのは、間違いありません。でもそれが愛情として子どもに伝わっていなければ、空回りになってしまいます。男の子は一般的に女の子より察しが良くないのですから、お母さんがわかりやすい指示を工夫してあげましょう。「いまこう言えば、相手はどう思うかな?」というコミュニケーション力を充分に発揮して、男の子に伝わる言葉を選んであげてください。

ここがポイント

・叱るときは、シンプルに、やるべきことについて「声をかける」という意識で。

■◇言い換えのトレーニング◇■

いままで述べたポイントを押さえつつ、ついつい「よくやってしまう感情的な叱りかた」を「より適切な叱りかた」に言い換えてみましょう。ここにあげた以外にも、お母さんの要求を上手に伝える表現はいろいろあるはずです。皆さん工夫してみましょう。

	猶予	お願い	誘いかけ
■早く起きなさい!	・そろそろ起きる時間よ ・起きられる?	・早く起きてきてね	・さあ、起きようか
■ここを片づけて!	・食事までにここを片づけてね ・あと10分でここを片づけられそう?	・ここを片づけてもらえる?	・ここを片づけちゃおうか
■よそ見しないで食べなさい!	・温かいうちに食べてね	・ちゃんとごはんを食べてね	・冷めないうちに食べようか
■急いで! ■早くしなさい!	・あと10分で出発時間よ 間に合いそう? ・そろそろ出かけるわよ	・もうちょっとスピードアップして!	・急ごうね ・さあ急ぐよ!

	猶予	お願い	誘いかけ
■うるさいよ！ ■静かにしなさい！	・あと少しで終わるから それまで静かに してでね	・もう少し静かに してもらえない？ ・静かにして欲しいな	・もう少し静かに しようよ
■まだ宿題 終わってないの？	・ごはんまでに 宿題を終わらせてね	・ごはんの前に 宿題をすませて もらえる？	・ごはんの前に宿題 終わらせちゃおうか
■さっさとお風呂に 入りなさい！	・お風呂の時間よ 8時前にはお風呂に 入ってね	・そろそろお風呂に 入ってね	・お風呂があいてるから、 先に入ってもらえる？
■いつまでゲーム やってるの！	・そろそろゲームの 時間は終わりよ	・そろそろゲームは 終わらせてね	・ゲームは終わりにして ○○しようか
■もう寝なさい！	・もうすぐ寝る時間よ ・寝る準備はできた？	・早めに寝てね	・もう遅いし、 そろそろ寝ようか

遅刻や忘れ物はこうすれば減る！

子どものスケジュールを決めるのはおすすめだけれど、あまり厳密には決めないようにしたいものです。ですが、例外は、あまりに遅刻や忘れ物が多い場合です。

これも個人差が大きいのですが、物事を全体的に把握するのが苦手な男の子は、忘れ物などが多くなる傾向があるようです。

「明日の算数では定規を使いますよ。今日渡したプリントも忘れないでね」と言われたあと、「音楽は鍵盤ハーモニカのテストをするので、必ず持ってくること！」と続けられると、もう鍵盤ハーモニカで頭がいっぱいになり、定規もプリントもどこへやら。さらに、「帰宅したら脱いだジャケットは、ちゃんとハンガーにかけること」というお母さんとの約束も、どこかへ飛んでいきます。

これを避けるためには、日常生活の手順を決めて、必ずその順番ですべてをこなす、と義務づけることです。こう書くと息苦しく感じるかもしれませんが、「すべての作業が、決まった手順に沿ってスムーズに流れている」と考えてみてください。

これは「構造化」と呼ばれる工夫で、自分の世界を強く持っている自閉症の子どもなどに、とても高い効果を上げているノウハウです。

たいていの人は、お風呂で身体を洗う順番がなんとなく決まっていますよね？　それと同じように、いつもの時間に、いつもの場所で、いつもの手順で……というのは、作業を取りこぼしなく進めるために、実に有効な手段なのです。

たとえば、帰宅したら靴を脱ぐ、揃える。

ランドセルを下ろし、ジャケットを脱いでハンガーにかける。うがい手洗いを済ませ、ランドセルを拾って居間へ行き、まずは今日のプリントなど連絡事項をお母さんへ報告、そのまま居間のテーブルで宿題開始。生活動線に沿って作業を進め、最後に「明日の準備をして、忘れ物がないかどうかチェックを済ませて、オシマイ」です。

やることはたくさんありますから、作業が

滞りなく進むようになるには、ある程度の訓練が必要です。このとき、手順を絵や文字にして壁に貼っておく「視覚化」も、「構造化」とセットでよく使われる工夫です。とくに男の子は、右脳優位で視覚的なものへの反応に優れるタイプが多いですから、お母さんに「次は手洗いね」などと言われながらやるよりも、ずっとストレスなく動けるでしょう。

なお、こうしたスケジュールは本人と相談の上で、最終的には本人の決定で用意しましょう。「自分で決めた予定」という意識は、守ろうという前向きな感情の後押しをしてくれます。

ここがポイント

・遅刻や忘れ物が多い子は、日常の手順をすべてきちんと決めてしまう「構造化」で対処します。
・手順を絵や文字にして壁に貼っておく「視覚化」も有効。

■児童期の男の子とのつきあい方

お父さん、出番ですよ

休日は、とにかく父親と息子が一緒にいて、遊びや仕事を一緒にする機会を設けることが大切です。わざわざ遠出しなくても、夕食の買い物にふたりで行ってもらったりするだけでもいいのです。お母さんが普段買わないジャンクフードなど、「男同士の内緒の買い物」などしてくるかもしれませんが、それは大変に結構なことです。お父さんには、少ないチャンスをフル活用して、息子の信頼を勝ち得てもらうのです。

ところで、普段あまり息子と接する機会のないお父さんには、ひとつだけアドバイスしておいたほうがいいかもしれません。子どもの話は、そうかそうかと頷いて全部聞くこと!

これは大人の男性と女性の会話にもよくあるすれ違いですが、女性はただ愚痴を聞いてもらい、ラクになりたくて話をしているのに、男性はそれに解答を出そうとしてがんばり、「そういうことを言ってほしかったんじゃないのに……」と女性をがっかりさせてしまったりします。

子どもとの会話で大切なのは、まず「聞く」こと。すぐに結論を出そうとしたり、解決策を提案したり、励ましたりするのは、父親と息子の仲を遠ざけます。「お父さんはどう思う？」と訊かれて答えるのはもちろん構いませんが、子どもにとっていちばん嬉しいのは、「話をちゃんと聞いてもらえること」です。

小学生以上になると、お母さんが叱っても聞く耳をもたない男の子が、お父さんが叱ると素直に従うことがあります。お父さんは男の子に、「男にしかわからない気持ちの理解者」として見てもらえる可能性が高いのです。信頼を勝ち得るために、まず黙って、息子の言葉に頷いてあげてください。

ここがポイント

・父親と息子とのコミュニケーションの場を作り、父親との信頼関係を築かせることが大切。

■児童期の男の子とのつきあい方

男の子の性に向き合う〈罪悪感〉

小学校低学年の男の子でも、道に捨てられている成人向け雑誌などを見つけて、「わーエロい！」などと大声で叫んだりします。好奇心旺盛で、思ったことがすぐ口に出る年頃ですから、まあ正常な反応といえるでしょう。お母さんは慌てずに、ほかの悪い言葉遣いと同じように、

「それは人前で大声で言っていい言葉じゃないから、言わないでね」

と止めさせるだけで結構です。

男の子が、性を「自分にも関係のあること」として意識するのは、早くても10歳くらいからでしょうか。ただそれ以前でも、性に関することに大げさなアクションをとることがあります。気を付けたいのは、そこで無闇に性をタブー視する反応をとってしまうことです。

とかく男性向けの性のエンターテインメントは、女性が目を背けたくなるような不快なものが多いですね。単に自分が不快なだけでなく、子どもがこんなものを見

て、現実の女性もこうだと勘違いされたら困りますから、お母さんがイヤな気持ちになるのも当然です。

でも性は、動植物すべてにとって大切な生の営みであり、人間にとっては、大切な人とのコミュニケーションの一手段でもあります。と同時に、妊娠を目的としないセックスや、男性向け成人誌、レディスコミックなど、エンターティンメントとしての性も存在します。

エンターテインメントとしての性を一切認めない宗教もありますし、何をどのへんまでなら許容できるかは、その家庭にもよるでしょう。ただ、性に関するものにお母さんが露骨に不快げに反応してしまうと、男の子の心には、「性に関することは、お母さんを不愉快にさせる、汚れたもの、きたないもの、よくないもの」という感覚が刷り込まれてしまいます。

もともと男性の性というのは、罪悪感と結びつきやすい仕組みになっています。たとえば夢精のとき、見知らぬ女の人とベッドインする夢をみていたり、自慰のときの想像が、すでにほかに彼氏がいるらしい憧れの女の子と関係することだったり。普通ならやってはいけない……という状況に自分の快楽がセットになっているわけですから、「性＝ワルイコト」というイメージが出来上がりやすいわけです。
性は、悪いことではありません。必要不可欠な、人生を豊かにするものです。その基本をしっかりと踏まえて、男の子と接していきたいですね。

ここがポイント

・性に対しては、露骨に不快な態度を示さず、むやみにタブー視しないこと。

■児童期の男の子とのつきあい方

男の子の性に向き合う〈隠す性・隠さない性〉

性知識の乏しい小学校時代は、誤解を生みやすいエンターテインメントの性からは遠ざけておかなくてはなりません。その一方で、成人男性として必要になる性の知識については、学ぶ準備を少しずつ進めていきます。

身体の外見上の違いについて話し合ったら、「大事なところは、むやみに触らない・触らせない、見ない・見せない」ことを教えましょう。併せて、これは大人も子どもも守らなくてはいけないルールだから、ルールを破る人がいたら、それが大人でも子どもでもお母さんに報告するように言います。

セックスについて具体的なことを質問されたら、答に窮してしまうお母さんもいらっしゃるでしょう。そんなときは、「どう教えたらいいか難しいから、今度の日曜日までに考えておくね」と、即答を避けて策を練る方法もあります。次の日曜日にお父さんに代打をお願いしてもいいし、そういう時期が来たと考えて正確な答を用意しておいてもいいでしょう。

いずれにせよ大切なのは、具体的な子どもの出来かたや避妊の方法を話すことより、まず性に対する親自身の姿勢や考えかたです。セックスや自慰について否定的なイメージを前面に出してしまうことは、おすすめできません。あくまで、「人生を豊かにするもののひとつ」「ゆったりとした気持ちで楽しめるもの」であると男の子が感じられるよう、努力してみてください。

性に関する考えかたは、家族のあいだではオープンにしておくべきです。あとあと男の子が、性について相談しやすい空気になるよう、あまり深刻な雰囲気にならず、笑顔で話をするよう心がけてください。

また、息子が男の子と同じくらいに女の子を尊重し、仲良くできるよう、お母さんは女の子たちの気持ちを通訳してあげてくださいね。せっかく女の子が友人としての好意を示してくれているのに、コミュニケーションの苦手な男の子がその意味を逆に捉えていることもあります。「女の子の友達」は、この先男の子が女の子を理解していくうえで、とても心強い存在になるはずです。

なお、エンターテインメントの性に接する機会は、もう少し先延ばしにします。これも、オープンに親の考えを伝えましょう。

「これは、大人の男の人が読む雑誌だから、あなたももう少し大きくなってから読んでね。女の人はこういう本が嫌いな人が多いから、女の人のいないところで読むように気をつけてね」
などと説明すれば、理解してもらえるかと思います。

ここがポイント

・性についての話題になった場合は、話しやすい空気になるよう深刻な雰囲気は作らず笑顔で話しましょう。

お受験する家庭のみなさんへ

幼・小・中の受験を目指す「お受験」には、賛否両論あるようです。が、少なくとも受験のために努力するその過程は、決して中傷するようなものではないと私は考えます。ただその過程において、誤った対応から問題が発生するケースもあることを、記憶に留めておいていただきたいと思います。

まず、受験について両親の意見が一致しない場合は要注意です。たとえば母親が推進派で父親が否定派だったとしましょう。子どもは成績が上がれば母親のほうを向きますし、成績が下がれば父親のほうを向きます。成績次第で両親のどちらかが味方になったり敵になったりという状況は、子どもを混乱させます。さらに、夫婦関係が悪くなることさえあります。

とくに男の子は、父親と自分の学歴を比較しがちです。この父親へのライバル意識が確執に変じてしまうと、母子一体化が生まれ、親離れが遅れますし、父親を軽蔑する傾向へ向かうこともあります。

両親が１００％意見を一致させることは無理としても、子どもの前では一致しているように振る舞ってください。もちろん保護者の面接試験でも、両親の意見が一致していないと、合格はほど遠くなってしまいます。

それから、男の子にありがちなのが、「勉強してやってるんだから」という態度です。これを大目に見ていると、勉強以外のことを軽視する傾向が現れます。勉強も大事だけど、勉強以外に大事なこともたくさんある……そんな当たり前のことがわからない、人間性の欠落した子になっていくとしたら、受験に成功しても、そのあとの人生で幸せになれるでしょうか？　「誰のための受験なのか」をきちんと話し合い、ときには受験をやめるという決断も必要かもしれません。

また、受験に関してやたらとお金やモノの話をするのも避けたいところです。計算高く見える現代の子でも、まだまだ純粋な部分があるものです。「〇万円かけたのだから合格しなかったら大損」「月謝のためにお母さんも〇〇を我慢している」「合格したら、お父さんの倍は年収がとれる仕事に就けるよ」など、それはたとえ親の本音であっても、子どもにわざわざ聞かせる必要はありません。

金銭的な話は単にプレッシャーになるだけではありません。子どもの中には、「楽しいから」勉強している子だってたくさんいます。それなのに「大人はそんな嫌なことばかり考えているのか」とがっかりしてやる気をなくしたり、親への信頼を損ねたりしかねないのです。

ここがポイント

・受験の方針は、両親で一致させておく。少なくとも子どもの前では、一致しているように振る舞いましょう。

・子どもに、親のためではなく、自分自身のための受験であることを理解させること。受験が自分自身のためでないという結論であれば、受験をやめるという決断も必要です。

・金銭的な話は控えましょう。

お受験に失敗したとき

カウンセラーとして「お受験」の重圧から問題傾向を示した子と多く接してきましたが、受験を「した」「しない」という理由だけで問題傾向は示しません。そして、「失敗した」場合も、問題傾向につながる理由は、受験の失敗そのものとは別のところにあることが多いのです。

最も気をつけたいのは、弟や妹も受験を予定している場合です。失敗したというだけで本人は意気消沈しているのに、そのせいで両親の関心が妹や弟に移ってしまったと感じると、問題行動の引き金となります。あからさまに差別するのがいけないのは当然ですが、「そっとしておきましょう」とひとりにしてしまうのも、見捨てられたように感じて辛いものです。

「勉強でダメならスポーツでがんばろう」などとエネルギッシュに考えられる性格の子ならいいのですが、いままで生真面目に勉強に向かってきた子が、急に方向転換するのも難しいでしょう。そんなとき、たった一本の煙草で親が振り向いてくれると思えば、美味しくもない煙草を、これ見よがしに親の目の前で吸ってみせたりするかもしれません。

退行的な行動に出る子もいます。簡単に言えば、赤ちゃん返りです。たとえば、私立中学受験に失敗して公立の中学に通い始めたものの、学校には何も問題はなさそうなのに休みがち。そうした不登校も、退行の一種と考えていいでしょう。かまってくれ、おれはまだ子どもだから大切にしてくれ……という無意識の訴えが、そうした行動に現れるのです。

フォローとしてはまず、本人を「失敗者」として扱わないこと。弟や妹が受験する予定なら、「経験者として」勉強のアドバイスをするようにお願いしてみましょう。本人が強く固辞した場合は別ですが、「自分にもちゃんと家族の中での役割がある。失敗して見捨てられたわけではない」と感じられる扱いが大切なのです。

下の子の受験を応援するときも、決して兄と比べて競争させないでください。兄を馬鹿にする言動は論外です。失敗した兄に勝つように言うのではなく、経験者である兄にお願いしていろいろ教えてもらいなさいと促し、「自分の成績を右上がりにすることが目標」と言ってやってください。今の自分の成績に次回は勝つ、という方針です。
小・中学校のお受験は高校・大学の入試と異なり、受験生本人だけでなく、両親・家族が深く関わります。それだけに、誰が受験するときも例外なく、他の兄弟・姉妹がカヤの外で孤独を感じないよう、気配りしたいものです。

ここがポイント

・受験に失敗しても「失敗者」として扱わない。
・兄弟と比べたり、競争させたりしないで。

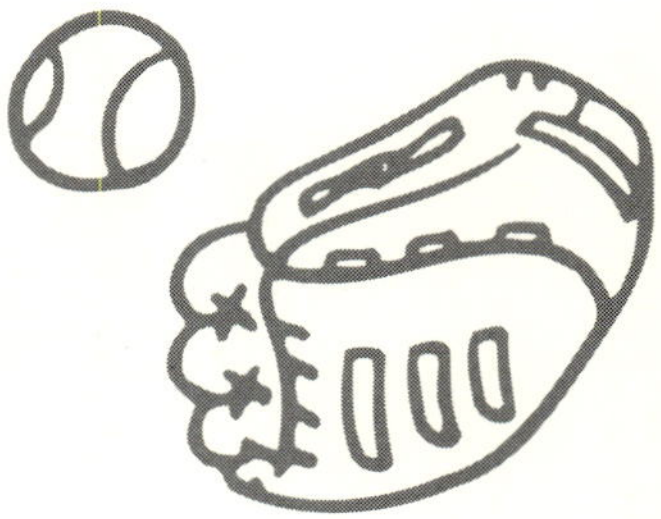

第3章

思春期編

✱思春期の男の子とは✱

〜アンバランスな成長に自分自身も葛藤〜

男の子は10歳を過ぎると思春期を迎えますが、小学校6年生くらいまでは、女の子に比べてゆっくりと成長していきます。「カッコイイだろー」とか「俺がクラスで一番だ」といった意識は芽生えますが、まだまだ「男」にはほど遠い存在です。

しかし、中学に入ったころから、男の子は猛烈な勢いで成長を始めます。精通が起こり、体型が大人のように変化してきます。この時期の急成長に、周囲はもちろん本人自身も戸惑い、悩み、葛藤します。

同年代の女の子は一般的に、精神的にも肉体的にもバランスがとれた状態でスムーズに成長していくのですが、男の子は多くの場合、バランスを崩しながら成長していきます。あるときは肉体ばかり、あるときは精神ばかり成長し、散々な目に遭いながら大人に近づいてゆくのが、この時期の男の子なのです。

このアンバランスな成長ぶりは、男の子自身に、しばしばアンビバレント（両面価値感情）をもたらします。「成長した自分」は、今は勉強しなくてはいけないと分かっているのに、「幼い自分」はつい遊んでしまう。そんなふうに、自分の考えと現実の行動が噛み合わないことが、頻繁に起こるようになります。

こんなとき、幼い子どもにするのと同じようにストレートに行動だけを叱っても、男の子は素直に聞き入れてくれません。本人は気持ちの上では「わかっている」のだから、聞き入れられなくても仕方がないのです。

以前は親になんでも話していた子が、急に親と話さなくなるのもこの時期です。親に内緒の事柄ができ、部屋への出入りを嫌がる一方で、「僕は」「俺は」と強く自己主張するようになります。

性の悩みが生まれる時期でもありますが、異性である母親には相談しづらく、自然と男の子の友人に相談することが多くなります。

いろんな意味で「中学生は大変」でしょう。確かにそうです。問題行動と呼ばれる事柄の多くがこの時期に集中していることからも、それは納得できるでしょう。

問題が起こりやすいというのは、男の子の不安定さ、男の子の大変さをそのまま映していると考えられます。いよいよ「男の子」から「大人の男」への脱皮が始まるのです。この苦労は、本人にとって並大抵のものではありません。

蝶の幼虫は、蝶になる前にサナギに姿を変えます。このときサナギの中はドロドロに溶けてしまったような状態で、身体じゅうのあらゆる器官を作り直しているのだそうです。

思春期は、「男の子」が「大人の男」として自分を再構築し直す、辛いサナギの時期です。大人の、イイ男に脱皮できるよう、お母さんも上手に手を貸してあげてください。

■思春期の男の子を知る

無気力に見えてもキニシナイ

小学校時代はあんなに元気よくハツラツとしていたのに、最近は「かったるい」とダルそうにしているばかり。本当に疲れているのか、それともやる気がなくてゴロゴロしているのか、親としては気になりますね。

でも実は、中学生の男の子が自宅でダルそうにしているのは、よくある光景なのです。

この時期の男の子は、自分の考えと行動がチグハグになることが多く、「何をやっているんだ俺は……」と考えこみがちです。たとえば、難度の高い受験校を自分で目標として挙げたのに少しも勉強しなかったり、好きな女の子と仲良くしたいのについ喧嘩を仕掛けてしまったり。本当にやりたいことや、本当の目標がつかめずに、道に迷っている状態なのです。良くも悪くも「思いついたら、そのまますぐ言う・すぐやる」だった小学生時代に比べたら、やる気をなくしたように見えて当然でしょう。

考えと行動が噛み合わないのは、向上心の表れでもありますから、心身の成長期には歓迎すべきことでしょう。でも、脳のつくりからしてアンバランスな男の子はしばしば、自分のキャパシティを越えた頑張りを自分に課します。思春期の男の子の毎日は、学校で目立とうと頑張ったり、みんなに好かれようとしたり、緊張の連続なのです。その緊張が、家へ帰ったとたんにゆるんで「ああ疲れた」と放心してしまったとしても、無理はないでしょう。

また中学生になった男の子は、大人ぶりたいとき、演出としてあえて「ダルそうにする」こともあります。無気力な言動は仲間の中で目立つ、目立つことでみんなと違って大人っぽく見える、という理屈です。これも男の子に特有な屈折した発達行動のひとつと思われます。余談ですが、荒れる成人式もこの延長かもしれませんね。

ダルそうな様子に加えて、「疲れた」を連発することもありますが、これも、なんとなく愚痴っているだけのことがほとんどです。「寝て休んでる」と自分の部屋へこもったのに、友

達から「ゲーセンに新しい機械が入った」と聞くや飛び出して行くようなら、たいしたことはありません。「はいはい疲れたのね」と聞き流しても大丈夫です。注意しなくてはならないのは、友達からの誘いまで、「行きたいけど……しんどくて」と断ってしまうとき。好きなものや好きなことに振り向かなくなったら、これは本当に体力がついていかないのか精神的に悩んでいる可能性があります。早急に学校側との情報交換が必要です。

ここがポイント

・無気力に見えるのは、この時期によくある光景。神経質にならず静かに見守りましょう。
・友達の誘いや好きなことに振り向かなくなったときは注意が必要です。

■思春期の男の子を知る

まだ子ども？　もう大人？

中学生になっても、いきなり大人になるわけではありません。むしろ、「いつまでも、うちの息子は幼くて……」と感じる部分も少なくないはずです。「まだまだ、思春期の問題なんか縁がなさそう」と思われるかたも多いのではないでしょうか。

中学生になっても、友達より家族と出かけるのが好きだったり、自分より小さい子とばかり遊んでいたり、人前でやたら「おかあさん、おかあさん」とくっついてきたり。明らかに幼さの目立つ男の子というのは、確かにいます。そしてとくに母親に、ときにその「幼さ」を喜んでいる様子が、見て取れることがあります。まだ子どもらしくて可愛い、親の目の届くところにいるから安心、という気持ちが、心のどこかにあるようです。

ところが一方で親は、「男の子は自立した逞しい子に」という願いも抱いていいます。そのせいで、自分の中にある、「まだまだ幼く可愛い息子でいてほしい」という願望に気づかなかったりもします。

自覚はなくても、「幼いままの息子」を望む気持ちは、行動の端々に表れます。「買い物に一緒に行くと言い張るのよ」と、自転車の後ろに乗せたり、「『お母さんの選んだ服でいいよ』って言うから」と服を選んであげたり、選んであげた服が男の子用とは思えない可愛いデザインだったり。

まずは本人の希望を、よく聞いてみましょう。無理をして突き放したり、急に大人のような振る舞いを要求する必要はありませんが、「あなたの意見を、そろそろ一人前の大人のものと同じに扱います。だから自分のことは自分で決めなさい」という意思表示は、折に触れて提示しておくべきでしょう。

もちろん、あまりに小さいうちから、「男の子だから」と突き放すのは、健全な発達のためにはおすすめできません。でももう中学生になったら、女の子だってそうであるように、家庭の外にある社会に出て、友人たちと良い距離を保ちながらつきあってゆくことを学んでほしい時期です。

アウトドアより室内で遊ぶのが好きな子も同様です。この子はおとなしくてパソコンや読書のほうが好きなようだから……とそのままにしておかず、無理強いしない範囲で、なるべく外へ出て友人と遊ぶよう誘導してあげたほうがいいでしょう。

ここがポイント

・幼さを感じる男の子には、さまざまな面で本人の希望を尋ねてみる。
・なるべく家の外で友人と遊ぶよう、強制にならない範囲で促す。

■思春期の男の子を知る

親から離れて自立　ガンバレ！　ひとり立ち

「ひとりで行くからいいよ」
「ついてこないで」

そうしてひとりで出かけていくことが増えるのは、小学校高学年頃からでしょうか。これは自立しようという意志の表れで、カウンセラーの視点から見ると「これでいい」のです。女の子にも同様な傾向は見られますが、女の子のほうが男の子より自立を試みる時期が早く、かつ期間も短く速やかに自立するため、この時期があまり目立ちません。

基本的に、親と子どもの関係はいくら努力しても、「保護する人・される人」という部分を引きずり、決して並列の関係にはなりません。健全に育った子どもほど、この関係に早く飽き、自立したいという気持ちは強くなります。

この時期の男の子は、「親の保護の下から出て、ひとりでやり遂げたい」のです。ただ、ほんとうに「ひとり」というのもちょっと自信がないので、友人と手を取り合いながら、並列の関係で目的地へ向かおうとします。

大人から見れば、同じ目的地なら自分が連れて行ってやれば早くて安全なのにと思ってしまいますね。でも男の子にとっては、先の見えない未知の世界を、友人とともに「冒険」した、という体感が重要なのです。

そしてこの満足感が、男の子特有の「自信」や「勇気」になっていきます。映画『スタンド・バイ・ミー』をご覧になったかたには、よくご理解いただけるのではないでしょうか。親に内緒で、男の子4人が森を抜け、スリルにあふれた旅をする物語です。

心配な気持ちはぐっとこらえて、「親と一緒に」を強要するのはやめましょう。それよりも、少し難しい「大人のオツカイ（用事）」を頼みたいところです。銀行や役所へのオツカイでもいいですし、たとえばカレーの材料を買いに行くようメモを渡して頼んで、「書いてあるの以外に、自分専用にひとつだけカレーに入れたい材料を買ってもいいよ」と言い添えるのもいいでしょう。「無理だ」「子どものやることではない」「失敗したら二度手間になる」とリスクばかり考えないで、大人になる練習と思って送り出してください。

男の子は、期待されるとがんばります。明らかにできそうなことを頼むと「やらされた」と感じてやる気もなくなりますが、難しいことを頼むと「期待されている」と張り切るのです。そして成功すると自信がつき、褒められて嬉しくもなります。

ただしくれぐれも、大金を運ばせるような大任を押しつけないこと。失敗しても損害が少ないことから始めましょう。

ここがポイント

・親から離れて行動したがる時期です。よほどのキケンがない限り、快く送り出してあげて。
・少しだけ難しいことをひとりでやるように頼んでみることで、自立したい気持ちをバックアップしましょう。

■思春期の男の子を知る

母親への反抗は、信頼と甘えの裏返し

人間の子どもは生まれてから長い間、母親なしでは生きていけない動物です。哺乳動物の子どもは最初、母親が与える母乳で育ちます。犬や猫なら1ヶ月かそこらでもう離乳を始めますが、人間の子どもがお乳をやめ、離乳食を食べ始めるのは5～6ヶ月たってから。母乳なしでも大丈夫になるためには、1年近くかかるのです。

この期間、母乳を与えたり、またはミルクを与えたりして子どもと密接な関わりを持つのは、ほとんどが母親です。もちろん昨今は母親も働く時代ですし、父親も子育てに進出してきていますが、多くの場合、子どもにとって母親は、唯一の、特別な存在となります。

母親から子どもには、取り替えのきかない〈絶対的な愛〉が注がれますが、男の子から母親に対しても、やはり〈絶対的な愛〉があると思われます。それは、前述のような関係の中で育まれた、特別な絆です。小学生くらいまでの男の子は、この

〈絶対的な愛〉を素直に表現してくれることが多いようです。

しかし中学生になる頃から、男の子は母親を無視したり馬鹿にしたり攻撃したりし始めます。これもまた正常な発達段階なのですが、そこにはどんな心理が働いているのでしょう。

実はよく見ていれば、男の子は決して、「母親を完全に打ちのめすまでの反抗は考えていない」ことがわかります。自我を主張したいがため、反抗のための反抗を連発するようなこの年頃の男の子にとっても、家族以外の第三者に対して反抗するのは大変なことなのです。ですから、ラクに反抗できる母親に対して、ある意味甘えて反抗し

てくるのです。

そこにはまた、男の子が幼児期に感じた〈絶対的な愛〉への信頼があります。何を言っても、何をやっても許してくれる、母親の〈絶対的な愛〉が不変であると信じて、安心して男の子は母親に反抗の矛先を向けるのです。こんな反抗は、たとえあっても一時的なもので終わる場合がほとんどです。

ただし母親が、男の子の〈絶対的な愛〉への信頼を裏切るようなことがあると、話は変わってきます。反抗されたときに、「その場の気分で逃げたり」、「適当に降伏したり」すると、いままで培ってきた親子間の信頼関係そのものにヒビを入れることになりかねません。

反抗への対応については別項で詳しく後述しますが、男の子が反発してきたら、嫌なものは嫌、ダメなものはダメと、はっきり答えを出してあげてください。母親を怒らせるような発言をしたら、もちろん本気で怒って構わないのです。

ここがポイント

・男の子にとって母親は〈絶対的な愛〉をくれる存在。信頼しつつ、甘えて反抗しているのだと理解することが必要。

・男の子の母親への愛に対して、信頼を裏切らない。適当に逃げない。ダメなものはダメとはっきり答えを出す。

父親は、将来の自分のモデル

父親は母親と比べて、子どもと接する時間が短くなりがちです。そして思春期に入ると男の子は次第に、同性の父親を意識下で、「母親を自分に独り占めさせてくれない存在」として認識するようになってきます。

思春期の男の子に対して、父親に求められるのはまず、子どもと一緒に行動すること（一緒に遊ぶこと）です。言葉で接するより、行動で示すことが大切です。男同士というのは、何かを一緒にすることで共感を得たり結束を固めたりする傾向が強いように思います。実際、成人男性にとって、「子どもの頃、お父さんと一緒に○○へ行き△△した」という記憶が、長い時間が経過しても風化しない良い思い出になっていることが多いのです。

思春期を迎えると、息子はお父さんが何かを一緒にしようと誘っても、ついてきてくれないことも多いでしょう。もちろん、無理矢理に誘う必要はありませんが、可能であればなるべく、男同士で一緒に行動する機会を設けたいものです。

確かにこの時期の男の子は、親から離れたがる傾向が強くなります。しかしこれはお父さんの役目がもう終わったことを意味するのではなく、むしろ逆だと考えてください。

いよいよ大人の男へと成長を始めた、中学生の男の子にとって、お父さんは同じ男性であり、自分の将来のモデルでもあるのです。男の子はほとんどの場合無意識のうちに、自分の将来と父親の姿を重ね合わせ、比較します。自分が父より偉くなれるか、なれないか、同じくらいか……。この過程で父親は、尊敬もされるし馬鹿にもされるでしょう。頼られもするし反発もされるでしょう。そうしながら男の子は、父親を越えようと努力します。

また男の子にとって父親は、「働く男」としてのイメージ作りに不可欠な存在です。父親が働く姿を見て育った男の子は、職種まで一緒とはいかないまでも、仕事に対する姿勢は父親と似てくる傾向があるようです。

だからといって、「大人の男になるためにはいよいよ父親の出番だな」と、急に張り切って口出しを始めるのも考えものです。私が接してきた問題傾向のあった男の子の例では、「小さいときはニコニコして遊んでくれたお父さんが、背丈が近づいたら急に厳しくなり、指導や命令をし始めたのが嫌だった」と訴える例が、たいへん多いのです。さらに、「やっていいこと・わるいことの境界線がコロコロ変わり、俺が本気で怒鳴ったら、それからは『好きにしろ』と放任された」という声も、よく聞かされました。

繰り返しますが、男の子には、言葉より行動で示すことです。父親の日々の行動を、男の子はしっかりとチェックしていますよ！

ここがポイント

・父親は、子どもを誘って遊びに出かけるなど、できるだけ一緒に行動する機会を設けましょう。

・説教や命令で男の子をコントロールしようとするのは逆効果です。言葉であれこれ言うより、親は行動で示すこと。

■思春期の男の子との対話

親が子どもに「きちんと向き合う」とは？

この時期の男の子を育てるためには、母親と父親が協力しあいながら、きちんと子どもに向き合うことが大切です。とはいえ、父親と母親の意見が常に同じである必要はありません。

子育てに対しての意見が対立した場合は、まず夫婦でよく話し合うこと。それで結果が出なかった問題に関しては、子ども自身に選ばせるのも大切です。「父親は○○だから、○○と考えている。母親は△△だから、△△と考えている」と、両者の違いをきちんと説明し、どちらかを強要したりせず子どもに選ばせましょう。

やってはいけないのは、父親と母親が意見の違いから反目しあい、それぞれに子どもを自分の味方につけようと感情的になることです。相手の悪口を言い合いながら自分の言うことをきかせようとすると、どちらを選んだにせよ、子どももその悪口に同意したも同然。そんな選択をさせると、子どもはとても困ってしまいます。

また、両親がどちらも忙しく、祖父母や親戚が男の子の面倒をみていた場合、「俺は両親に無視されて寂しい思いをした」と言い出すかもしれません。

思春期の男の子によくある、反抗のための反抗の理由づけに過ぎない言葉でも、繰り返し言っているうちに本当に自分は「親に捨てられて祖父母に育てられたのだ」と思い込んでしまう場合があります。これが反抗の材料として登場したときは、早めにきちんと話し合っておく必要があるでしょう。幼い頃の記憶は曖昧で、正しく理解していないときもありますから。

ここまでは、両親揃った家庭についての話でしたが、父親がいない片親だけの家庭の場合はどうでしょうか。

実は、母子家庭の男の子はむしろ、「父の代わりは俺だ」と努力する子が多いのです。良い意味での、父親へのライバル心が出てくることもあります。たとえばお父さんは勉強ができたと聞くと、「お父さんより難しい学校へ行こう」とがんばったりするのです。母子家庭のお母さんは、日々家事も仕事もと追いまくられて大変でしょうが、どうぞ安心してお仕事を続けてください。

ただ、子どもの友達が悪気なく、「○○君、お父さんいないんだ」と見たままを口にし、それで傷ついてしまう子どももいます。その際は、どんなに仕事が忙しくても、子どもへの対応の時間を作ってください。くり返しますが、早急に時間を取ることが大切です。曖昧な話でやり過ごさず、子どもにとって難しい話でも、母親自らきちんと「どうしてお父さんがいないのか」を説明してあげてください。子どもにとっては、簡単な話で逃げられるより、そのほうがずっと嬉しいのです。

ここがポイント

・夫婦で意見が違っても構わない。子どもに選ばせるときは、「どちらの味方」という言い方は避ける。
・片親でもとくに心配はいらないが、片親の理由を尋ねられたら正確に説明する。

■思春期の男の子との対話

ホントの「本当」に好きなことからSOSを見抜け!

顔色が悪いとか、食欲がないとか、その程度で心配していたらきりがないのが、中学校時代の男の子です。しかし一方で、悩みごとをなんとか自分で解決しようと一人で抱え込んでしまうのも、この年頃の特徴です。男の子は言葉での表現が苦手ということもあり、本当に助けが必要なときでさえ、なかなか自分からは言い出せないものなのです。

男の子のSOSは「好きなこと」への反応に表れます。興味が他のものに移っただけならいいのですが、いままで好きだったものに反応しなくなったら、「何か他人に言えない辛いことでもあったのでは?」と疑ってみてください。たとえば、部屋にいつもあった釣り竿がないとか、そういった出来事が目安になります。

さて、ここで問題なのは、自分の子どもの「好きなこと」をちゃんと把握するのは、中学生の男の子相手だとなかなか難しいという点です。学校の先生のように、「趣味は何だ?」と質問をぶつけても、ぱっと答えてくれる男の子は少ないでしょう。たいていは、「別に……」とかわされてしまうはずです。いつもゲームをやっているからといって、ゲーム好きとは限りません。「今は単にゲームをやっている」だけかもしれないのです。

好きなことを知る方法としては、たとえば「時間があるとき何をやってる？」「お小遣いは何に使うの？」と聞いてみてください。放っておけば一日中ゲームに没頭している、お小遣いの大半をゲームソフトにつぎこんでいる、というのであれば、「彼の好きなことはゲーム」だと考えてもいいでしょう。

カウンセラーであれば、こんな会話からその子の「好きなこと」を推測するでしょう。

「週末は何をしているの?」

「お父さんと釣りに行くことが多い」

「お年玉は何に使ったの?」

「リールとルアー」

なるほど、この子は釣りが好きで、それが現在の楽しみになっているのだな、と見当をつけられるわけです。

そしてこの子が、急に釣りの話をしなくなったり、行かなくなったりしたら、注意信号です。単に釣りに飽きただけならいいのですが、何か大変なことを抱えていて、釣りどころではなくなっているのかもしれません。

不機嫌だとか乱暴になったとか、そういうマイナス面の増加は目につきやすく、SOS信号として察知しやすいですね。でも、「好きなこと」に興味を示さなくなったというプラス面の減少こそ、思春期の男の子の典型的なSOS信号なのです。

ここがポイント

・普段の行動をよく見て、「好きなこと」「熱中していること」を知っておきましょう。

・「好きなこと」に興味を示さなくなったら要注意！

■思春期の男の子との対話

〝ＳＯＳ〟をキャッチしたら

中学生の男の子は常にアンビバレントを抱えているような存在ですから、日常的に不機嫌だったり、意味もなく怒っていたりします。彼らの言葉を借りれば、「うざい」「かったるい」……というのが彼らの日常です。

やることなすことうまくいかないし、成績も良くならないし、好きな子には好きと言い出せないし、言えばフラれそうだし、うちの家は外から見れば良く見えるらしいけど実はボロだ、とか、彼らなりの悩みはつきることがありません。しかも自我が芽生え「恥ずかしい」という意識が邪魔をして、そういう悩みを誰かに相談することができないのです。修学旅行に行っても海水パンツでお風呂に入る年頃……といえばわかりやすいでしょうか？

従って、母親が「今日はちょっと元気ないな」と感じても、実はそれがこの時期の「普通」かもしれないし、虚ろな目をしていても、単に昨日の夜更かしで寝不足なだけかもしれません。

しかし逆に、「どうせまた些細なことで悩んでいるのでしょう」と放置しているうちに、SOS信号を見落としていることもあるのです。学校でいじめ問題が発覚したとき、「いじめはなかったと聞いていました」と学校の先生が答えたりしますが、それは責任逃れではなく、本当に気づいていなかったのではないかとも思われます。それくらい、この年頃の男の子のSOSはキャッチしづらいものなのです。

また、SOSに気づいたとしても、真正面から「どうしたの？　顔色が悪いみたいだけど」と声をかけるのは、効果的ではありません。この時期の男の子は、自分が困っていることを悟られるのが嫌いですから、これでは図星をさされたようで気分を害します。親にとっては心配でそうするのですが、男の子には全く伝わりません。悩みを話すどころか、「べつに……」とそっぽを向いて、ますますガードを固めてしまうでしょう。

ここでも、先の項で述べた子どもの「好きなこと」が役に立ちます。「顔色、元気」など、親が感じたことをそのまま言葉にするのではなく、「好きなこと」を会話のきっかけにするのです。

「最近、釣りの調子はどうなの？」

「最近は行ってない」

「あら、行ってないの。どうして?」

という具合です。

どう話しかけようが、子どものことを気にかけて話してるんだから同じじゃないか、と思われるかもしれません。でも男の子にとっては、自分の「好きなこと、興味のあること」から会話に入ってもらったほうが嬉しいのです。

大人が大人のフィールドから、言葉だけ投げてよこしているのではなく、自分のフィールドまで下りてきてくれているということを、男の子は敏感に察するからです。

ここがポイント

・男の子が自分からSOSを出すことは、まずありません。親の側が気づいてあげる努力を。

・少し様子がおかしい、顔色が悪いと思っても、いきなり問いつめないこと。男の子の好きなことを話題にして、気遣いを伝えましょう。

イタイゲーム機より高いから、それでいいだろう」と言われて、ケイタイゲーム機をとられてしまったのです。A君はがまんしましたが、また外に出てこの中学生に会うと別の物を取られ、代わりに不要品を押しつけられるのがイヤで、家に引きこもっていたのだというのです。

この問題は、母親がA君の様子がおかしいことを見逃さず学校に相談したことで、小学校の先生が中学校の先生と連携を取り、A君は以前のように外出できるようになりました。

問題のポイント

「子どもの持ち物がなくなった」という場合、それがふだんよく使っていた物であればなおのこと、子どもが「今は貸しているだけ」と言った場合でも、そのまま受け流して終わりにせず、一歩踏み込んでみることが大切です。

もちろん何の問題もない場合もありますが、物がなくなったことから始まる金銭がらみの問題、また上級生とのトラブルなどが多いことも事実。

物がなくなるようなできごとがあった場合は、「助けて欲しい」と口にしなくても、「子どもが『ＳＯＳ』を発信しているのかも？」といつも以上に注意深く子どもを観察してみることが大切です。親が一歩踏み込むことで、家庭内で解決する場合もあります。必ずしも問題を最初から学校に持っていく必要はありません。

ケース1・SOSを発信していた事例

ゲーム好きのA君（小学校4年生）は、ケイタイ型のゲーム機を買ってもらい、学校以外、行くところへは常に持ち歩いていました。ところが最近になり、ぱったりとそれを持ち歩かなくなってしまいました。母親が理由をたずねると、最初は「もう飽きた」と言い、次に聞いてみると、「家でやるゲーム機の方が楽しくなって、そのソフトも増えたから…」と答えました。

ところがその後もA君は外に出たがらないので、母親はおかしいと思い、再びケイタイ型のゲーム機を持っているかとたずねると「友人に貸してある」という返答。しばらくしてまた聞くと「友人にあげた」「友人に売った…」と状況が二転三転していくのです。様子がおかしいので、学校の先生に相談すると、実はこんなできごとがあったことが判明しました。

A君は、小学生があまり立ち入らないゲームセンターに遊びに行きゲームをしていたところ、中学生に呼び止められ、「ゲームセンターに来たことを学校にチクらないかわりに、お金をくれないか」と言われたといいます。お金をほとんど使っていたので「お金はない」と答えると、ケイタイ型のゲーム機を取られてしまったのです。中学生は、「ただでもらうと窃盗になるから、明日、また来い。お金をやる」と言うので、次の日ゲームセンターに行ったところ、「お金の代わりにゲームソフトを5つやる。定価はケ

■思春期の男の子との対話

親子ゲンカに「常識」を持ち込むな!!

多くの男の子は、成長するに従って、親に対して、大きく距離をとったり攻撃したりして、自分を主張しようとします。女の子も自己主張することはしますが、男の子ほどの激しさはありません。これは男女間において大きく異なる点です。

さて、子どもが「親がやってほしくないこと」をやりたいと言い出したら、どう反応しますか?

たとえば子どもが「茶髪にしたい」と言い出したとします。「中学生らしくない」「そんなのは自分で稼ぐようになってからやりなさい」と、いわゆる「常識」や「理屈」に頼って説得しても、彼らは聞く耳をもちません。

なにしろこの時期の男の子にとって、周囲からどう見られているかは最大の関心事です。ただしこの「周囲」とは、彼らにとっての周囲、つまり気の合う仲間関係のこと。仲間がみんな茶髪にしていれば、茶髪こそが「常識」ですし、自分が茶髪にしていないことを「仲間がどう思うだろう」というのは、子どもにとっての大問題なのです。こういった子どもの気持ちを理解していないと、親子の会話は平行線のままいつまでも噛み合いません。

大切なのは、親として「嫌なものは嫌」ときっぱり言うことです。「そんなの親の勝手じゃないか」と反発されるかもしれませんが、茶髪にしたいというのも十分「子どもの勝手」なのです。

大人だって好き嫌いはあるし、それを主張する権利があるのです。もちろん、こういう言い方をするとケンカになるでしょうが、大人同士だって喧嘩をしながら仲良くやっていけるものですよね。ぜひこの機会に、自分の考えが「ダメ」と言われても簡単にはへこたれない耐性をつけてあげてください。

男の子にとっていちばん嫌なのは、自己主張である反発を、親が受け止めてくれないことです。昨日「ダメ」と言われたことが、今日になって手のひらを返したように「いいよ」と言われたり、「好きにしなさい」と無視を決め込まれたりすると、それは「親は俺の言うことをまともに聞いてくれない。俺を認めてくれない」という想いに直結していきます。よく仲間内で「うちの親、何も言わないからさ」と自慢げに吹聴している男の子がいますが、本音は「もう親は、俺になんか関心はないんだ」という悲しみでいっぱいのはずです。

親は主観的でなく、常識に沿った客観的なことだけを言わなくては……という気負いは、なんの意味もありません。子どもを恐れず、親の思うことや気づいたことを、しっかりと子どもに向けて発信しましょう。

ここがポイント

・子どもが何か困ることをしたいと言い出したら、「常識」に頼らず、「親個人の意見」を言いましょう。

・子どもの自己主張を認めた上で、「YES・NO」をはっきりと子どもに伝えます。

■思春期の男の子との対話

流行り言葉は禁止？

悪い言葉といっても、いろいろな種類がありますね。

「ババア」「死ね」といった、差別的な言葉や攻撃的な言葉は、幼年期と同じくその場で叱ればいいのですが、難しいのは「流行り言葉」です。長い言葉を短くしたり、頭の三文字を取ってみたり、語尾を伸ばしたり、「カレシ」の「シ」にイントネーションを置いたりする、あれです。

「あの言葉なんとかならんのか」
「日本語が乱れる」

大人として一言いいたい気持ちはわかりますが、こうした「流行り言葉」は昔からありました。お母さんやお父さんも、「キモイ」「超ヤバイ」「マジ？」などなど、今となっては懐かしい流行り言葉を使った記憶はありませんか？　そのときも上の世代は眉をひそめていたわけですし、その上の世代だって若い頃には……と、歴史は繰り返しているのです。

言葉は生き物です。千年前の日本語の日常会話は、今となっては古文の教科書の中でしかお目にかかれません。その時代やその物の特徴を反映し、的を射た表現の言葉は、誰かが宣伝したわけでもないのに広がります。そして、ときには一般化して「次世代の日本語」となってゆくのです。

意外に思われるかもしれませんが、こうした「流行り言葉」がどのようなものか、若者は結構自覚して使っているものです。

ひとつには、「良い言葉ではないけど、それを使って目立とう」という、計算の上での思惑があります。まだほかの事柄で自信をつけていない思春期にありがちな、自己主張のひとつですね。

またひとつ、「ほかの世代と差別化したい、仲間の連帯を強めたい」という理由から使うというのもあります。若者だけの共通言語で楽しみたいということです。

ですからたいていの若者は、「これは使ってはいけないな」と察した場所では「流行り言葉」を控えます。

「それでもあんな言葉イヤだ、聞きたくない」

そうですね。それは率直に子どもに伝えましょう。

「お母さんは（お父さんは）、その流行り言葉が嫌いだから、うちでは使わないで」

ここでも、「変な日本語を使うな！」と常識を振りかざすより、「嫌いな言葉だから」とはっきり言ったほうが、子どもは納得します。

ここがポイント

・流行り言葉は仲間との連帯感、自己主張の表れです。
・どうしても嫌な場合は、はっきり「嫌」と伝えましょう。

■思春期の男の子との対話

携帯電話のルール作り

携帯電話はビジネスツール（道具）から、いまやすべての世代の通信手段となってきました。このことは今後、「非行化」の概念を大きく変えてゆくのではないかと私は考えています。

いままで非行化といえばたいていは、まず親や学校の目の届かない場所を探して……という手順を踏んでいましたが、携帯電話は手もとの操作ひとつです。ボタンを押しただけで、普通の子どもたちが問題児に変貌する可能性をもっています。

携帯メールは文章の練習になるという説も耳にしますが、携帯メールの使い方は、短い文章を素早く交換しあうのが一般的です。そして自分が気に入らなければ、スイッチを切って終わりです。手紙のように、相手のことを思い浮かべ自分の気持ちを綴る「文章」とは、まったく違うもののように思われます。

携帯電話のツールとしての価値を否定するものではありません。最近はＧＰＳ携帯（衛星から発信される情報をもとに、現在地の居場所を測定するシステム）のように、子どもの安全を守るために積極的に活用したいサービスも現れてきました。しかし、親が注意を要するツールであるのは確かです。

基本的には、テレビゲームと同じで、家庭の責任で必要か不要かをよくよく考えなくてはならない道具といえます。「他の子も持っている」「便利だから」等の理由で安易に買い与え、そのまま自由に使わせて放っておくというパターンが、最もリスクを増大させます。

チェックすべき3項目を以下に挙げます。

1　料金について「我が家の掟」を作る。
上限を設けるのは当然のこと、通話料について毎月意識させ、「知らないうちに親が払ってくれている」状態にならないよう気をつけましょう。ルールを守れない場合は、携帯の使用禁止などの罰則を設けることも大切です。

2　用途を、家族や友人とのコミュニケーションに限定する。
出会い系などの被害はとくに深刻です。サイトに登録するときなどは、たとえよく知られたサービスであっても、親と相談するのが原則。自分の個人情報を漏らすリスクについて、家族でよく話し合っておきましょう。

3　携帯電話を介した事件について、こまめに話し合う。
これは親からの一方的な押しつけにならないよう、「意見を求める」という形で注意を促すことをおすすめします。「あなたの周囲ではそんなことなかった？」など尋ね、情報を教えてもらう形で話し合うのもいいかと思います。

ここがポイント

・携帯電話について、親子でよく話し合い、ルールと罰則を定めましょう。

・未知の危険も多いツール。こまめに現状を確認しましょう。

■思春期の男の子との対話

進路は子どもが決めるもの

ひと昔前、終身雇用制度が世の常識だった頃には、「いい学校へ行って、いい職場に就職して」という理想のレールが見えていました。しかし終身雇用制度が崩れ、離職率も大きくなった昨今では、「いい職場」がゴールではなく、そのための「いい学校」という目標も、不確かなものになりつつあるようです。

そんな中で、子どもに進路や学歴の考えかたについて話すのは、とても難しいことです。子どもが迷っていたりしたら、つい「こうすればいい」と親の意見を押しつけてしまいそうになるかもしれません。でも、親の夢や希望は親のもの、ぐっと控えめにして、あくまで最後の選択は子どもに任せてください。

これは「子どもの考えを尊重しましょう」という話だけではありません。いままでカウンセラーとして多くの高校中退者に接してきましたが、そこに共通していたのは、当事者意識の欠如でした。つまり、「どうして進学したの?」という問いに、「みんなが行くから」「先生が、ここなら入れるって」「中学の次は高校へ行くのが普通」「高校ぐらい行かしてやるって言われた」と、本人以外の意見ばかり出てくるのです。

親側の言い分にも特徴が見られました。

「入学したらバイクを買ってくれと言われた。約束だから買ってやったのに、高校のほうは辞めてしまった」

「大学の付属に入学できたから、大学卒業まで安心と思っていたのに、本人が辞めたいと言いだして」

「入ったはいいが、髪型、制服、バイク免許などの校則が厳しかった。喫煙程度で停学や退学に」

この親御さんに共通するのは、「高校へ行っていただく」という感覚です。子どももそれを見抜くからこそ、「バイクぐらい買えよ」という関係になってしまうのです。

子どもの進路について、親が無関心で良いわけはありません。親の意見は、子どもにとって貴重な情報です。ただし、最後の決定は子ども自身が行うべきです。夏休みの勉強計画と同じで、自分で計画してもなかなか実行できないのに、親や先生に決められた計画はなおさら実行できないのです。子どもの出した結論がたとえ親と同じであっても、「子どもに最後の決定は任せる」と言える状態であることが重要です。

いざ進学したとしても、高校生活が子どもの予想と食い違うこともあるでしょうし、何かトラブルに見舞われることもあるかもしれません。そんなとき、「親の言った通りにしたのに」と思うのと、「自分が選んだ道だから」と思うのとでは、雲泥の差です。

ここがポイント

・親の意見は「情報のひとつ」として提示。最後の選択・決定は子どもに任せます。

■思春期の男の子との対話

性について

中学生の男の子が部屋にエロティックな本を隠す行為は、極めて正常です。見つけても、そのままにしておいて構いません。「こんなものを……!」という拒絶の態度は逆に、男の子の健全な性の発達を妨げる可能性があります。それに、堂々と出しておいたり、まったく興味がない様子であれば、実はそちらのほうがよほど心配なのです。

興味が強すぎる子を落ち着かせるほうが、興味のない子に興味を持たせるより簡単ですし、本来思春期の男の子に普通にあるはずの興味が強く抑圧されて表面に出てこない状態であれば、別の思いもよらない方向へ爆発する可能性もあります。

「性欲がある」のと「性犯罪を起こす」のは、まったく別の話です。「腹が立って、

あの人を一発殴ってやりたい」と思うのと、「誰彼構わず殴りかかる」のは別物ですよね？　それと似たようなものと考えて頂ければ良いのではないでしょうか。

ただ、性的な衝動というのは、自然なこととはいえ本人にとってはストレスですから、さまざまな形で発散させる必要があります。直接的にマスターベーションで解消するのも、ごく自然な流れでしょう。これは父親がきちんと相談に乗って、排泄と同じで人前で大声で言うべきことではないけれど、自然で普通な行為なのだと安心させてあげてください。

昔から言われるストレス解消の古典的な方法は「スポーツで汗をかく」ですが、私はそれよりも、「友人同士のおしゃべり」が有効ではないかと考えています。

女性が井戸端会議でストレスを発散させるのは、よく知られていますね。でも男性も職場で「ノミニケーション」などと言って愚痴をこぼしあったり、個人的な他愛のない話題や趣味の話題で盛り上がったりします。これと同じことが、思春期の男の子にも必要なのです。大人からは、幼稚でくだらない話ばかりしているように見えるかもしれませんが、いわゆる「クダラナイおしゃべり」が、自分の考えと同世代の世論とのすり合わせになり、また差異を意識させ、個性を育てるのです。

人が自分の悩みや問題、ストレスなどを自浄するのは、とても難しいことです。だからこそカウンセラーが必要とされるのです。カウンセラーはまず、相手の話をよく聞いてくれます。話す側は、たとえ答が得られなくても、悩みや問題、ストレスを自分の内から表へ出すことで、整理し解消し発散させます。「友人同士のおしゃべり」は、性の問題のみならず、さまざまなストレスの解消に役立つ方法ですから、「また友達とつまらない長話をして」と責めずに、見守ってあげてください。

ここがポイント

・男の子が性に興味を抱くのは正常なこと。部屋で性に関する物を見つけてもそのままにしておきましょう。

・性的な衝動を、おしゃべりで発散させていることもあります。友人との一見くだらないおしゃべりも、温かく見守って。

■思春期の男の子との対話

恋の話、もっとしましょう

思春期の男の子にとって、女の子のことは一言でいって「謎」です。ものの考えかたや行動が理解できないだけではありません。小学生のときは敵対していたはずの相手が、なぜ今になって突然「胸が苦しい」存在になってしまうのか、自分の内にある女の子のイメージすらも「謎」なのです。

女のきょうだい、とくに姉がいれば、こうした戸惑いは多少緩和されますが、そうでない場合は母親から異性の情報を得るしかありません。

女の子についての情報を与えるときは、両親それぞれの過去の恋愛経験を率直に話すのが、健全な恋愛感情を育てるのに効果的なようです。父親の経験談はもちろん重要ですが、母親の経験談も、「異性はこう思っている」という情報として大切です。ただし、「恋愛はこうあるべき」という理想論を押しつけないこと。あくまで資料として活用するようにくらいの気持ちで、「こういう行動は良かった、悪かった」と伝えてください。

こうした情報が得られないと、男の子は先輩や友達、男性側に偏った視点のメディアや趣味的な雑誌などから、誤った情報を得る可能性があります。

いい加減な情報を信じて行動し、ちょっと失敗して女の子を怒らせてしまったとか、その程度なら「青春の思い出」で済むかもしれません。しかし場合によっては、それこそ取り返しのつかない失敗だって起こり得るのです。

これは、「青少年に悪影響を与えるメディアを遠ざける」だけで防げる問題ではありません。健全な性の発達とともに、健全な恋愛感情を育てる必要があるのです。エロティックな雑誌やビデオというのは、エロティックな気分を得るための商品として女性を扱っているわけですが、健全な恋愛感情を育てていれば、「雑誌は性的なエンタテインメント商品、現実の好きな子は商品ではなく人間」と、きちんと区別して扱うことができます。

同性の先輩として、父親もおおいに失敗談を語ってください。親子で恋愛の話をするのは、大変結構なことです。たとえば、男の子のガールフレンドが、母親の若いときと似ているかどうかで話が盛り上がったりもします。

効果的でないのは、世の中の「普通」「道徳」「倫理」を押しつける話です。思春期の男の子は、とりわけ反体制を主張する傾向が強いですから、「一般論しか言わない人の話なんか、聞いても仕方ないや」となってしまいます。「まだ学生だから、こうしなさい」ではなく、「お母さんの学生のころはこんな感じだったなあ」という話であれば、時代を越えた親近感を持って耳を傾けてくれるでしょう。

ここがポイント

・両親が自分自身の過去の恋愛経験を率直に話すことは、健全な恋愛感情を育てるのに効果的です。

■思春期の問題への対処

どうして「いじめる子」になるの?

いじめ問題を論じるとき、いまだに、「いじめられない人になる」「いじめられない行動をとる」という時代錯誤な意見が出ることがあるのに驚かされます。たとえば「あいつは運動音痴で、いつも体育の時間に、みんなに迷惑をかけている」というじめの理由を聞いて、「なるほど、それは運動音痴を直すよう指導しなくては」と思いますか?

人は皆平等、同じように生まれ同じように育つ……と言われたりしますが、実際には才能も個性もバラバラですし、同じように努力しても出来る子と出来ない子がいます。ところが、現実の競争社会の中で誤った平等観を刷り込まれてしまうと、「出来ない子」を単に「こういうのが苦手な子なんだな」と見ることができません。「できないのは標準以下のグループだから、自分たちより人間として下の存在」と決めつけるのです。

確かにいじめる側は強者です。それで社会的に成功してくれたら構わない、という考え方をする人もいるでしょう。過程を尊重しない成果主義の考えかたそのものです。でも、成果主義で人が幸せになれるでしょうか?

この先の人生で、一生懸命努力しても、良い結果が得られないこともあるでしょう。本人のせいではないトラブルで、辛い思いをすることもあるかもしれません。そんなとき助けてくれるのは、成果以外の部分で作られた、自分自身への信頼です。目指すべきは、成果だけではありません。他人の気持ちを感じ取れること、自分の気持ちを相手に伝える能力を持つこと、相手と協力しあえるコミュニケーションスキルを持つことです。

ライバルとの争いより自分自身との闘いを重視している人こそ、最終的な真の成功者になりえます。そういう人であれば、たとえ大きくつまずいても自分を見失わないし、ほんとうに困ったときは友人や、ときにライバルまでもが手を差し延べてくれるでしょう。

自分さえ良ければいい、結果さえ良ければ誰をどう扱ってもいい、という考えかたで過ごすと、こうした感性や人間関係は育ちません。

小中学生にとっては、遊び友達との関わりが「人生の楽しさ」の大部分です。この時期に子どもたちは、家族から友人へと関係を広げながら、健やかな心を育て、コミュニケーションスキルを向上させていきます。とりわけ男の子は、脳の特性の関係で、女の子ほどスムーズにコミュニケーションスキルを伸ばせないものです。将来の人格・性格に強く影響してくるこの時期こそ、人と人とのつながりを否定する「いじめ」を見過ごしてはならないし、いじめられる心配以上に、いじめる子になる危険性に注意を払ってください。

ここがポイント

・親子で、他人の気持ちを感じ取れることを大切に考える。
・いじめる子どもにならないよう注意を払う。

■思春期の問題への対処

「いじめる子」にさせない！

走るのが遅い子に「運動音痴だなあ」と言ってしまっても、相手と平等な視線に立っての関係があれば、たいした問題にはなりません。ですが、これが「運動音痴な奴は差別されて当然」と見下すようだと、大問題です。

後者の根底にあるものが何かといえば、それは「標準以下の結果に対する差別」です。努力さえすれば、練習さえすれば、私達と同じになれるのに、それが出来ない奴はダメだ、したがって「人間的に自分より下だ」という感覚です。

現代はこの「標準・平均・普通」を、いやおうなしに意識させられる仕組みが出来ています。たとえば、乳幼児健診のたびに数字が出る身長・体重ですが、これも母子手帳にしっかりと成長グラフが載っていて、「あなたのお子さんは今、標準・平均・普通からこれくらい外れていますよ」と目に見えるようになっています。様々な病気や障害を早期に発見するための配慮が、必要以上に「標準・平均・普通」を意識させる可能性を高めているようにも感じます。

親が「標準・平均・普通」にこだわると、子どもも「標準・平均・普通」を気にするようになります。そして自分が褒められるために「標準・平均・普通」であるよう努力します。そうした感覚の中で、「標準・平均・普通」であるための努力をしない子や、努力してもできない子を目にしたとします。

「なにか他にやりたいことがあって、これは努力しないんだな」

「がんばってるけど、できないんだな」

そう考えられればいいのですが、小さいころから「標準・平均・普通」のために努力を続け、それが大きな価値観になってしまっていると、方向修正ができません。「標準・平均・普通」じゃないあいつは、自分より下のグループだ、と決めつけてしまうのです。

これを防ぐにはもちろん、親が標準以下の結果に対する反応の手本を見せるのが一番ですね。

本人が努力していることは、結果に関わらず褒めましょう。これはテストの成績だけでなく、一輪車、縄跳び、鉄棒の逆上がりなども褒めてあげてください。ただし本人が、「○○くんはまだ出来ないけど、僕はできる」「○○くんは50点だけど、僕は70点」と言ったとき、叱る必要はありませんが、そのまま褒めないことが大切です。

「○○くんが出来るかどうかは、ぜんぜん関係ないの。前にあなたはこれが出来なかったけど、がんばって出来るようになったのがえらいの」

と、自分自身が向上したことを褒めてあげてください。友人の出来や点数と比較しないで、自分自身が向上したことを主張するほうが良いと教えるのです。

ここがポイント

・親は「標準・平均・普通」をなるべく意識しない努力を。
・子どもの努力は、結果にかかわらず褒めましょう。
・周囲との比較は「無意味」と伝えてください。

■思春期の問題への対処

「いじめ」は解決まであきらめない　立ち向かおう！

子どもをよく観察していれば、いじめの兆候を察知することができます。そのために、男の子のいじめのパターンを把握しておきたいものです。

男の子のいじめは、グループ内で起こることが特徴です。女の子のいじめは、仲良しグループと違う行動をする子、つまり「同調しない子」をターゲットにする傾向があります。「みんな○○してるのに、あなたはなぜ○○しない」がコンセプトです。

「校則違反のミニスカは、私達のグループだけがやっていいこと。グループ以外の人がやったら許さない」

など、あくまで、異端であることがいじめの理由づけとなります。

対して男の子のいじめは、一見して仲良しに見えるグループの中で、上下関係を作るところから始まります。上の者が下の者に理不尽な要求を突きつけ、「仲間に入れてほしければ、言うことをきけ」「あれを買ってこい」「金を持ってこい」「度胸を見せるために万引きしてみろ」「できなければ、もう仲間ではないからリンチだ」という具合です。

これを見抜くには、「お金・時間・友人」の3点に注目してください。

まずはお金。今いくら持っていて、何に使っているかに注意しましょう。何に使ったかわからない、逆に与えたお金より高価なものを持っているなど、不明瞭な点は問いただす必要があります。

次に時間についてですが、これは、「どこで何をしていたか」本人が隠したがったり、本人の言っていることと学校側からの情報が食い違うところに注目します。どこかで楽しくない時間を過ごし、それを口止めされているのかもしれません。

友人関係は、話し言葉に注意しましょう。とくに「呼び出されている」雰囲気を感じたら、行くのを止めさせます。友人関係は本来平等なものです。上下関係がある場合は、そこにいじめの構造が発生している可能性が考えられます。

こうしたいじめが原因で不登校になることがあります。明らかにいじめがあることがはっきりした場合は、本人に近い人から原因を探り、いじめが完全に消滅するまで立ち向かいましょう。これには周囲の協力が不可欠となります。子どもの友人、親きょうだい、学校の先生や管理職、塾の先生など、一致団結して、正面から向き合ってゆくことが大切です。
覚悟しておきたいのは、いじめの構造というのは2~3日で作られたものではないだけに、解決には長い時間を必要とするということです。たとえ学校の先生方の注意や指導で表面的には消失したかに見えても、そう簡単に本質的な改善に至るものではありません。学校側の対応が終了しても、注意を怠らないでください。もちろん、本人が「もう終わった」と言っても、いい意味で信じないことが大切です。

ここがポイント

・男の子のいじめは、「お金・時間・友人」の3点に注目して、早めの発見を。
・いじめが一見終わったように見えても、その後の経過に注意。

time
money
friends

の指導にとどまらず、親の理解も深めていったことでこの問題は解決しました。

問題のポイント

いじめは、「水面下でわからないように起きている」という事実を知ることが大切です。みんなでいじめ問題を話し合っているのに、「塾に行かなくては…」などと言い出して、その場から逃げようとする生徒がいても、学校側が帰さなかったのは、中学では小学校以上に作為的なことが行われる可能性があるからです。問題を解決しないまま家に帰してしまうと、裏でいじめはなかったことのように口封じをしてしまう可能性があるのです。

いじめは簡単には発見できません。子どもの様子がおかしいと思ったときも、学校の先生には「生徒への一時的な質問で終わらせずに、クラスでの様子、登下校時などの様子をじっくりと注目して欲しい」と伝えてください。じっくりと長いスパンで見てもらうことがいじめを発見する重要な手だてになります。

親のほうも、自分の子どもがいじめていないか、いじめられていないかを注意深く観察しましょう。また、クラスでいじめの問題が起こったときは、「いじめられる子にも問題がある」などと、親が思ってしまうと問題はさらに悪化します。親も一丸となっていじめ問題に取り組むことが大切です。

ケース2・いじめが判明した事例

B君（中学１年）は、小学校時代から、クラス内の多くの生徒からいじめを受けていました。中学生になってもそのいじめは続いていました。

ある日、B君の母親があまりにも学生服が汚れていたのでおかしいと思い、中学校の担任に事情を報告しました。担任は学校に在籍しているスクールカウンセラーと連携を取り、クラス全体に事情を聞きました。クラスからは、みな「知らない」という答えが返ってきました。担任とスクールカウンセラーは放課後、一人一人から事情を聞くことにしました。夕方になって、それぞれの生徒の家庭に遅くなるという内容の連絡を入れましたが、「夕食の心配」「塾の心配」があり、苦情を申し入れる家庭も多くありました。しかし学校側は担任に続行を指示。時間がたつにつれ、数名の生徒からいじめの実体が報告され始めました。

多くの生徒が「おなかがすいたし、早く帰りたいので話した」という理由でした。でも、「話したら自分もいじめられるかもしれないので、私が話したことをみんなに言わないで欲しい」という声もあがりました。

直接いじめを実行していた生徒からは「いじめくらいでマジにならなくてもいいのに。夕食や塾に行けなかったことはどうしてもらえるのか…！」との不満の声があがりました。

その後、父母を集めた話し合いが数回行われ、生徒だけ

Let's

Check!

──最近の子どもの様子、
親の考え方からいじめ度を探ります。──

■CheckList■

男の子・チェックリスト Ⅰ

――いじめ被害度チェック――

※子どもの〈最近〉の様子を見て回答して下さい

※はい・いいえ・わからない で答えてください。 【はい】2点 【いいえ】1点 【わからない】3点	はい	いいえ	わからない
① 服装が変わった			
② 食欲が落ちた			
③ 友人に物を貸すことが増えた			
④ 絶対に着ない服ができた			
⑤ 学校の話、特に友人の話をしなくなった			
⑥ 他の親は「過保護すぎる・放任すぎる」と思う			
⑦ ノートや教科書に落書き、破れがあった			
⑧ プロレスごっこで、服を汚したり、破いたりしたことがあった			
⑨ 年齢の割に女子と仲良くないようだ			
⑩「休みたい」ということがあった			
⑪ いじめられる側にも非はある……というタイプの担任だ			
⑫ 友人と楽しく遊んでいるのではなく、「遊んでもらっている」と思われることがある			
⑬ 友人の電話を急に嫌がることがある〈居留守など〉			
⑭ 部屋のレイアウト、ポスターが変わった			
⑮ 子どもの部屋から大切にしていたものがなくなっている			
⑯ 本人のものでない、衣類、オモチャがある			
⑰「○○が欲しい」というのでお金をやったのに○○が手元にないことがある			
⑱ 近頃、急にお金を欲しがる			
⑲ 買ってきた物の、箱、包装紙が見当たらないことがある			
⑳ 家計簿のようなメモをとっているようだ			
	点	点	点

男の子・チェックリスト Ⅰ

――いじめ被害度チェック・結果――

20点～29点

問題はないでしょう。しいていえば、保護者側に「いつまでも子どものままでいて欲しい」と願っている可能性があるので、その点に注意してください。

30点～39点

今のところ、問題はなさそうです。でも、いつか急に起こる可能性もあるので、その際にはまた、このリストを参考にしてください。

40点～49点

担任と面談の際、思い切っていじめについて聞いてみてください。謙虚に話に乗ってくれない場合は、担任以外の教員・管理職・スクールカウンセラーへの相談をおすすめします。

50点～60点

お子さんに対しての「無関心」すぎる傾向が見られます。例え、いじめの被害がなくてもそれ以外の問題がいずれ起きてくる可能性があります。

《参考》

通常の調査、テスト、アンケートであれば「はい」が高い得点「いいえ」が低い得点で「わからない」が「はい」と「いいえ」の中間の得点である場合が多いと思われますが、ここでは「わからない」という解答に対して、厳しい判断をしました。「わからない」を「どちらともいえない」とは判断しませんでした。「わからない」を「子どもの様子が見えていない」「関心がうすい」「無関心かも……」と考えました。

■CheckList■

男の子・チェックリスト Ⅱ

――いじめ加害者度チェック――

※子どもの〈最近〉の様子を見て回答して下さい

※はい・いいえ・わからない で答えてください。 【はい】2点 【いいえ】1点 【わからない】3点	はい	いいえ	わからない
① お小遣いのことを言わなくなった			
② 買ってあげてもいない服を喜んで着ている			
③ 大人の人が買い求める物が、子どもの部屋に多くある			
④ 「借りている」「預かっている」という物が増えた			
⑤ 買ってあげてもいない玩具を持っていて、喜んで遊んでいる			
⑥ 与えてもいない、高額な現金を持っている			
⑦ 理屈が上手くなった気がする			
⑧ 大人から自分はどう見られているか気にしているようだ			
⑨ 一人のときはオトナシイが友人とグループになると「強気」になっていると思われる			
⑩ 自分の家以外で友人達と食事することが多くなった			
⑪ 友人の悪口〈欠点・欠陥〉を言い過ぎていると思うことがある			
⑫ 子どもが友人の悪口を言うのを止めたり、否定したことがない			
⑬「悪口を言われてもしかたがない子どもだ」と思うことがある			
⑭ 子どもの友人の親が気に入らないと、子どもまで気に入らない			
⑮ 多数決が絶対だと思う			
⑯ いじめられる子どもは、いじめられないように努力するべきである			
⑰ 学級全体でいじめられている子は何かしら問題があると思う			
⑱ 地域の子どもは好きだが転入者は嫌いだ			
⑲ いじめで自殺する人がいるが、その人はいじめがなくても自殺する人だと思う。			
⑳ いじめの報道は自分の子どもには関係のない話だ。			
	点	点	点

男の子・チェックリスト　Ⅱ

――いじめ加害者度チェック・結果――

20点～29点

問題はないでしょう。しいていえば、お子さんと距離があり、保護者だけが質問の答えを「いいえ」であると思い込んでいる場合は心配です。常にお子さんとのコミュニケーションをお忘れなく。

30点～39点

今のところ、問題はなさそうです。このような考え方を持続していただければ［学校は楽しい所］に必ずなります。

40点～49点

いくら、学校側からお子さんが良い評価を受けていても、「悪いこと」をしていないという保証はありません。もう少し、お子さんの生活態度を「成績」という物差しだけではなく、日常生活全般から観察する必要があると思われます。

50点～60点

「わからない」という答えについてなぜ配点が高いのでしょう。ここでは子どもについて、「知らない」「知りたいとも思わない」という答えに近いととりました。流行の言葉でいえば、ネグレクト〈放任という虐待〉に近いと思ってください。

《参考》

通常の調査、テスト、アンケートであれば「はい」が高い得点「いいえ」が低い得点で「わからない」が「はい」と「いいえ」の中間の得点である場合が多いと思われますが、ここでは「わからない」という解答に対して、厳しい判断をしました。「わからない」を「どちらともいえない」とは判断しませんでした。「わからない」を「子どもの様子が見えていない」「関心がうすい」「無関心かも……」と考えました。

男の子の
上手な育て方

■思春期の問題への対処

不登校、解決のヒント

子どもに家庭内暴力などの問題行動が発生したとき、親はどうしても、「その子にどう働きかければ良くなるか」ばかり考えがちです。でも実際には、援助が必要なのは本人だけではないことも多いものです。

子どもの行動によって、身近にいる家族もストレスを受けます。たとえば、子どもの不登校を家庭内だけで頑張って解決しようとするうち、家族全体が少しずつ社会から離れて引きこもり、孤立してしまうことがあります。こうなると、子どもの不登校からの回復はますます難しくなってしまいます。

子どもの問題行動に対処するには、まず家族が心のゆとりを持ち、落ち着いていることが大前提となります。そのためにも、積極的に専門機関の援助を受けることをおすすめします。

専門機関というと敷居が高く感じるかもしれませんが、最初は、電話相談であれば、比較的利用しやすいのではないでしょうか。専門機関側でも、家族の問題にはさまざまなケースがあることを理解していますし、決して「問題行動を起こしている本人が来ないと、話にならない」などと考えたりはしません。そして本人だけではなく、家族の悩みや対処の方法についても助言をしながら、本人の回復を考えていきます。男の子ならではの特化したケースについても、いままでの前例から、解決のヒントになりそうなアドバイスを貰えるはずです。

本人は「俺のことはほっといてくれ！」と相談には行きたがらないことが多いようですが、相談することを秘密にしておく必要はありません。むしろ多くの場合、本人に「相談に行くから」と伝えておいたほうが、のちのち本人もその専門機関に来室する可能性が高くなるようです。

ただし本人を無理に連れて行くことは、決してなさらないでください。「あなたのために、家族が出来ることはないか訊きに行っている」と言っておくだけでいいのです。

もし「親が相談に行くのも嫌。止めてほしい」と言い張るようなら、「問題はすでに、あなただけのものではなくなっている」と答えることです。

「あなたは、自分のための相談なんか必要ないと思っているのでしょう？　確かに最初は、あなたのために相談に行っていたけれど、今は私自身がアドバイスを必要としているの」

自分の行動が家族にストレスを与えている事実を認知させることも大切です。家族がみんなであなたの問題に取り組んでいるのだ、という姿勢を伝えてください。

ここがポイント

・家庭内だけで引きこもらず、積極的に専門機関に相談しましょう。
・家族全体がストレスを抱えていることを子どもに自覚させ、一緒に問題に取り組んでいる姿勢を見せましょう。

■思春期の問題への対処

不登校を長期化させないために

昨今問題が顕在化してきた「引きこもり」とは、義務教育後、進学や就職、アルバイトなどをせずに、外出を行わない状態を指します。ちょっとならひとりで外へ出られる程度から、ストレスによるさまざまな神経症に苦しんだり、果ては親を奴隷化してしまう状態までレベルはいろいろですが、多くは対人不信や対人恐怖を抱え、長期化するほどますます外へ出られなくなるという悪循環に陥っています。

長期の引きこもりを続けている人の性別は、3対1の割合で男性のほうがかなり多いと言われています。女性は「家事手伝い」という名目で「引きこもり」枠から外されるから、という見方もありますが、引きこもりの発生原因には生物学的要因が深く関与しているとの見方が強い点からして、生まれつきストレス等に弱いと言われる男性に多く発生する可能性はありうるでしょう。

成人の引きこもりの8割が中、高校生時代の不登校からスタートしているというデータもあり、軽度のうちの、適切な対応が求められています。家庭内で抱え込まず、必ず早い時期に、専門機関に相談してください。

相談以外に家庭でできることもあります。まず、不登校の始まりかな……と感じたら、思い切って1日つきあってあげることです。仕事を休み、朝・昼・晩の食事を中心に1日話し合いましょう。子どもに「困ったときは家族が相談に乗ってくれる」と安心させるのです。

この行動に出る保護者のかたは極めて希ですが、何日も仕事を休めというのではなく、たった1日ですから、意外と簡単なことではないでしょうか。保育園時代、突然の高熱で仕事場にお迎え要請がかかり、そのまま2日3日と看病の休みをとったことを思い出してみてください。事態はそれより深刻です。そして、たった1日で信頼を深められるのですから、ぜひ実行していただきたいと思います。

また、部屋にこもりやすい環境を作らないことも大切です。子どもの悩みに共感し、不登校になっている気持ちをわかってあげるのは大事ですが、家に引きこもりやすい環境を整える必要はありません。たとえばマイテレビ、マイパソコン、食事のルームサービスなどは、逆に引きこもりの長期化へつながる恐れがあります。

不登校はいじめなどのほか、さまざまな要因があり、家庭のレベルでは見分けづらい原因がきっかけとなって発生していることも考えられます。家族の問題だから……と考えず、早めに専門家の意見を求めるよう心がけてください。専門家への相談は大げさすぎて、とお考えなら、最初は電話1本でもいいのです。専門機関の利用方法を章の最後にまとめましたので、積極的に利用してください。

ここがポイント

・不登校の始まりを感じたら、1日一緒に過ごして話し合ってみましょう。
・テレビ、パソコン、食事のルームサービスなど、部屋に引きこもりやすい環境にしない。
・早めに専門家に相談しましょう。

に夫婦仲が戻り離婚はしないことになりました。C君の不登校問題も徐々に解消していきました。

問題のポイント

不登校にはさまざまなな原因が考えられますが、問題は学校にあると思いこむ人が圧倒的に多いようです。でも実はこのケースのように「家庭に問題があった」という場合もあるのです。ひょっとしたら自分たちに問題はなかったか、何か足りないところはなかったか、夫婦でよく考えてみる必要があるでしょう。

この子どもの場合は、まだ小学生。まだまだ親に依存していたい年齢です。離婚など、夫婦間の問題もあるかもしれませんが、そういう中においても子どもとのコミュニケーションだけは、つながっていることが大切です。

実は片親の場合のほうが親子のコミュニケーションがよく取れ、両親そろっている場合は、コミュニケーションが少ないという場合も見受けられます。これは、親同士が子育てを相手に依存してしまう傾向があるからです。不登校の原因を、「本人」「学校」と決めつけず、「親・家庭」にもあるのではないかと振り返ってみましょう。

ケース3・不登校の事例

両親の話によると、優しくて良い子だけれど、最近元気がなく、学校に行きたがらないというC君（小学校5年生）。両親から、「家では特に問題があるとは思わないのですが、学校で何かあったのですか？」との質問がありました。担任とスクールカウンセラーは校内、友人間での問題（特に隠されている問題）を発見しようとしましたが、発見できませんでした。

本人からも話を聞きましたが、不登校につながる話は聞けませんでした。そこでスクールカウンセラーが両親との面接を開始すると、実は、子どもの前で夫婦ゲンカをしていることが判明したのです。以前は離婚も考えていたそうですが、子どもが不登校になってそれどころではなくなり、今はケンカをやめ、当面はこの問題に夫婦で対応することに決めたとのことでした。

これを聞いたカウンセラーは、「彼の捨て身の行動が家族の平和になると思って、不登校をしているのかもしれない」と父母に伝えました。自分が不登校になることによって、親の注目を集める、イコール「父と母はケンカしない」「離婚しない」と感じたから学校に行かないのです。

両親は、このような理由で不登校をしていたとは、まったく考えていなかったようです。子ども本人からも、「ケンカしないでもらうには、何でもよかった…」との言葉を聞き、これが不登校の原因であったことがわかりました。その後、父母揃ってC君の登校に同行することで、しだい

Let's Check!

——最近の子どもの様子、
親の考え方から不登校傾向を探ります。——

■CheckList■

男の子・チェックリスト Ⅲ

――不登校傾向チェック――

※子どもの〈最近〉の様子を見て回答して下さい

※はい・いいえ・わからない で答えてください。 【はい】2点 【いいえ】1点 【わからない】3点	はい	いいえ	わからない
① 一人遊びが、好きなほうだ			
② よその子に比べ「やさしい」子どもだと思う			
③「子どもの教育」と「夫婦関係」は無関係である			
④ 転居・転校が多いほうだ			
⑤ どちらかといえば、運動が苦手な子どもである			
⑥ 小さなとき、大きな病気をしたことがある			
⑦「雨の日」を残念がったことがない			
⑧ 自転車より、ゲーム機の方を欲しがった			
⑨ 今、思うと、「留守番上手」な子どもであった			
⑩ 結構、母親の味方をしてくれるほうだ			
⑪ 学校の話は、こちらから話さないと話さないほうだ			
⑫ 不平不満はあるようだが口に出して言わないほうだ			
⑬ インドア〈部屋の中で楽しめる〉趣味があり、年齢の割には上級者である			
⑭ 学校より、家でゲームやコンピューターを操作している方が楽しいと言ったことがある			
⑮ 教育方針について夫婦間で違いが多くあるほうだ			
⑯ 今いる学校は第一希望ではなかった			
⑰ 学校の対応に不信感があり、一人で家の中で休ませたほうが安心だ			
⑱ 競争ばかりやっている学校は、できれば行かせたくなかった			
⑲ 最終学歴さえ立派であれば、経過は問題ではない			
⑳ 不登校の原因について「親がわからないのに、第三者の先生やカウンセラーがわかるはずはない」と思う			
	点	点	点

男の子・チェックリスト Ⅲ

――不登校傾向チェック――

20点～29点

問題はないでしょう。しいていえば、元気すぎて、多動傾向（じっとしていられない・動き回る）の方が心配かもしれません。「生きる」エネルギーが十分にあるので、その方向性をどうするかが今後の課題でしょう。

30点～39点

今のところ問題はなさそうです。ただし、今後チェック結果（点数）が急に上がる事態になった時は注意してください。何か原因があり、急に起こった事件・事態に違いありません。

40点～49点

何かの小さなキッカケで不登校傾向にある可能性があります。不審な訴えで休みたがった時は、お仕事をお休みしても、子どもと「話し合い」を。

50点～60点

不登校傾向は強いです。ただし、この結果でも不登校までは至らない場合ももちろんあります。とはいえ、「わからない」という解答は「どうでもいい」ととられることもありますので、今後は自信を持って「ハイ」と答えられるようにしてください。

《参考》

通常の調査、テスト、アンケートであれば「はい」が高い得点「いいえ」が低い得点で「わからない」が「はい」と「いいえ」の中間の得点である場合が多いと思われますが、ここでは「わからない」という解答に対して、厳しい判断をしました。「わからない」を「どちらともいえない」とは判断しませんでした。「わからない」を「子どもの様子が見えていない」「関心がうすい」「無関心かも……」と考えました。

男の子の上手な育て方

■思春期の問題への対処

家庭内暴力は、すぐに専門機関へ

家で暴力をふるう子は、学校や近所ではおとなしく見られる子が多いようです。本人の気持ちとして最も顕著なのは、

「俺は長いあいだ我慢してきた」

という鬱積です。

「他人様には立派な親と見られているらしいが、そのために俺はこんなに我慢させられてきた。口では上手く伝えられないし、口では親にかなわないから、暴れて不満を表現した。そうしたら急に言いなりになった。でもそれは俺を認めてくれたからじゃなくて、世間に俺が暴れていると知られたくないからだ」

こう考える子らにとって、一番嫌なのは、「親がいい親ぶること、世間体を気にすること」です。近所に暴力のことが知られたり、警察を呼んだりして、親の体裁が保てなくなることを、「親は恥ずかしいと思ってやらないはず」と子どもは思っています。そのため暴力がエスカレートすることもあるのです。

子どもや親が恥をかこうが、早めに専門機関に助けを求めてください。家庭内で起こる暴力は、基本的には、専門機関への相談が必要な問題と考えたほうがいいでしょう。

「生まれつき粗暴」という子は、滅多にいません。気に入らないことがあるとすぐ手を挙げるように見えても、必ずその暴力には一定のルールがあるはずです。まずはよく観察し、子どもがどういうときに暴力に訴えるのかを確認しておきましょう。こういった確認をしておくことは、相談機関に相談に行くときも、最も重要な資料になります。

親の側も、暴力を容認するような言動は、決してとってはいけません。暴力をふるわれたからといって、やり返すのも、むやみに逃げるのもダメです。要求されても金品などを提供しないこと。

また、親の基準（門限など）も、夫婦で話し合い、一致させておきましょう。家庭の中で困難に立ち向かうときは、夫婦の意見が一致していないと、問題解決はますます難しくなります。

子どもは自分の考えを押し通すために、「だってお母さんはいいって言ったよ」

と、親の意見の違いや不仲を利用することがあるからです。「これについてはお母さんもお父さんも怒るから、やめよう」と思わせることが大切です。たとえ親は不仲でも、子育てとは切り離して考える努力をしてください。

ここがポイント

・家庭内暴力は、早期に専門機関に相談すること。
・子どもがどういうときに暴力をふるうのかをしっかり観察しておきます。
・暴力は容認しない、従わない、逃げない、金品を提供しないこと。
・夫婦間で意見を一致させておきましょう。

■思春期の問題への対処

煙草は絶対許さない

親が子どもの喫煙に気づくのは、たいてい、部屋で煙草やライターを見つけたことがきっかけです。そして問いつめると子どもはたいてい、「自分のではない」と主張して逃げようとします。

このとき、「誰のものであろうと部屋にあるのはダメ」と言い切ることが大切です。

先輩の煙草ならいいか……という態度は、「うちの子が吸っているのでなければ、まあいいか」という意味になりますが、こうして煙草に対する許容範囲を広げてしまうことが重なると、「外で吸うのはダメだけど、家でならいいか」につながっていきます。

外で吸うと補導されたりもするし、自宅で隠れて吸って火事になったりするよりは、家で灰皿を出すほうがいい、と考えるのかもしれません。でも子どもはその「煙草という禁止物を大目に見てあげる空間」を、容易に拡大解釈し、「禁止行為がすべて許される空間」と見なします。ここでなら、お酒もシンナーも薬物も……と発展してゆく可能性が大きいのです。そして煙草をはじめこれらのものには常習性があり、「その場でだけ」という自制ができなくなる性質を備えています。

煙草は中学生くらいで興味をもち、高校くらいでは「今の年齢で許されないものを吸っている」という反社会性のアピールとして吸われます。とくに男の子では、自分を大人に見せたいという背伸びの意味で煙草を「吸ってみせる」ことが多いようです。

子どもの場合は、いわば威嚇のための喫煙ですが、そんな中学・高校時代の一過性の動機が原因で、一生涯を薬物中毒患者として送らなくてはならないケースへつながっていくとしたら、悔やんでも悔やみ切れません。自宅での1本くらい、と許すことなく、煙草は絶対に許さない方針を貫いてください。

とくに親が吸っている場合は、「お父さんだって吸っているじゃないか」と反論されたりしますが、それでも譲らないこと。

「一生吸うなとは言わないが、身体の成長が止まる20歳くらいまではやるな」など、「ダメなものはダメ」と言い張ることです。下手に「法律で禁止されている」などと理屈を持ち出すと、若い男の子はこうした理屈に滅法強いですから、うまくいきません。「18歳でも働いていれば世間では認めてくれている」「小さい子どもだって吸っている国がある」などという理屈が次々出てきて、喧嘩がひどくなるばかりです。私の知る限りでは、喫煙問題ではそうやって理由・理屈で話し合おうとした家庭ほど、なかなか上手くいかなかったようです。

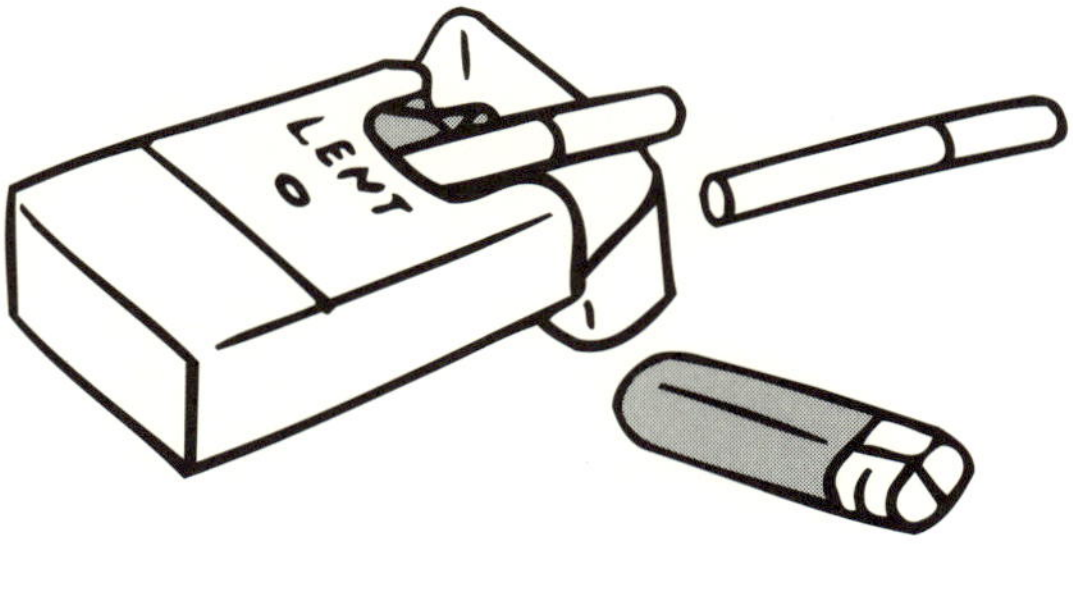

「うちの親はダメって言い出したら、理屈もクソもなくダメだ」と、いっそどうしようもない頑固者と思わせて、諦めさせるのも一つの方法です。強い意志をもって喫煙を阻止してください。止めさせられるのは、あなただけです。

・部屋にタバコがあること自体がダメだと言い切りましょう。
・部屋でだけならOKというような、大目に見てあげる空間を作らないこと。
・法律などは持ち出さず、頑として、強い意志で、喫煙を阻止します。

ここがポイント

■思春期の問題への対処

どうする？　夜遊び・外泊

健全な男の子であれば誰もが、「夜遊びしたい」「友人と外泊したい」という気持ちは強く持っているものです。家以外の生活をしてみたい、親の目の届かないところで自分をアピールしたい……。つまりこれは、「自立した自分」を家から出て「練習」したいのです。そしてたいていは、「高校生になったら」「大学生になったら」という親との約束を守り、その環境になったら実行に移します。

親からの自立といっても、まだ「練習」ですから、初期段階においては必ず、子どもは家に帰ってきます。外泊しても食事などは「自分の家の方が良い」と思っている子がほとんどです（逆に、食生活の貧しい家庭だと、子どもはなかなか帰ってきません）。

とはいえ、いくら家に帰ってくるからと言って、中学生くらいから夜遊び・外泊を黙認することは、とてもおすすめできません。無断外泊は論外でしょう。極めて非行化やいじめに直結しやすい行為です。

外泊については、さまざまな対応のしかたがあると思いますが、「我が家のルールがない家」や、「ルールがあってもすぐ変更になる家」の場合、夜遊びや無断外泊傾向がなかなか改善されません。

原則的には、「ほかの家は知らないが、我が家ではダメなものはダメ。特に食事は必ず家族で食べること」としてください。とりわけ食事のルールは大切です。食事が自宅で摂れる子は、外食するお金を無理して調達しなくていいため、非行化の傾向が鈍るからです。

どうしても夜遊びや無断外泊の傾向が改善されない場合、ショック療法として、たまり場になっている家の子どもを我が家へ招くのも一案です。我が子は友達をかばって緊張しますし、友人も「○○はこういう家の子なんだ……」と理解してくれて、両者ともに良い方向へ向かうこともあります。

これは「悪い友達を遠ざける」方法ではなく、「お互いを理解させる」方法です。お互いに理解しあうと、子どもも上下関係ではなく友達としてつきあうようになります。非行グループの特徴は、いわゆる「仲良し」ではなく、「遊んでやるからヤバいこともやれ」「やらなければ金を出せ」「それもできないならリンチだ」と、上下関係で成り立っていることが多いものです。（「いじめ」の項参照）本当の友人関係になれば、お互いのことを思いやり、「友達を非行から更生させよう」と努力する可能性もあります。

そして、子どもがいつ帰ってきても、「帰ってきてよかった、ここには自分の居場所がある」と思える環境を残しておいてください。たとえば、どうせ帰らないかと内側からのチェーンロックをかけたり、お風呂のお湯を抜いたりしないこと。「今から帰る」という電話1本で済むことですが、それができない、したくないのが、この時期の男の子ですから。

ここがポイント

・中学からの夜遊び・外泊などは非行化に直結。帰宅時間など、「我が家のルール」を作っておきましょう。
・家で食事を摂ることで、お金を調達するような行動＝非行化が防げます。非行仲間を家に招くのも手。
・「自分の居場所」と思える環境を残しておきましょう。

問題のポイント

お金で愛情を穴埋めしようとするのはとても危険です。子どもが不憫だから、かまってあげられないから、いいものを食べてもらいたいからとお金を渡しても、子どもはそのお金を自分の食べ物に使うことはめったにありません。食事は安いおにぎりで済ませて、そのお金で友だちと一緒に遊ぶようになるのです。

「あいつと飯を食うとおごってもらえる」と、友だちも集まるようになります。そうすると子どもは寂しさを埋められるような気になるのです。

愛情があれば、思う気持ちさえあれば、その形がお金であっても…と思うのは間違いです。子どもは心が充実していないと非行を起こしやすくなります。短い時間でも、外食でもいいから、子どもと一緒に会話をし、食事をする時間を作るように心がけましょう。

お金では、子どもの心を埋めることはできないのです。

ケース4・非行の事例

D君（中学2年生）の両親は共働きで、2人とも会社では責任ある立場の管理職です。両親の帰宅は常に夜遅く、一人っ子のD君は学校から帰ると塾のない日はひとりぼっちで過ごしていました。

母親は、日頃からD君を不憫に思い、せめておこづかいだけは…と、多めに渡していました。そのおこづかいを、D君は、「友だちと遊ぶため」「友人を集めるため」にしだいに使うようになっていきます。

ファミリーレストランに友人を集め、食事をおごることで、楽しく遊んでいるつもりでした。その行為が続くうちに、D君は友だちの間でグループのリーダーに自然となっていきました。本人もリーダー気取りが楽しくなっていたところ、ファミリーレストランで高校生のグループに目をつけられてしまいました。その後グループ同士の抗争となり、D君は補導されてしまったのです。

この問題の対応策は、D君の親が不在の間に起こる「夜間徘徊」の防止を中心に、本人と両親の両方にカウンセリングを行いました。加えてD君の友だちグループにもカウンセリングを行い、D君はそのあといっさいの違法行動を起こすことはなくなりました。

Let's
Check!

――最近の子どもの様子、
親の考え方から非行度を探ります。――

■CheckList■

男の子・チェックリスト Ⅳ

――非行度チェックリスト――

※子どもの〈最近〉の様子を見て回答して下さい

※はい・いいえ・わからない で答えてください。 【はい】2点 【いいえ】1点 【わからない】3点	はい	いいえ	わからない
① 家で夕食はするが、その後、外出することが多い			
② 自宅から遠く離れている場所に行きたがる			
③ 親に言えない友人の名前があるようだ			
④ 自宅でなら、多少の煙草、喫煙はいいと思う			
⑤ 親の買った服は着なくなった			
⑥ 洗濯をさせない服がある			
⑦ 部屋の中に鍵がかかっている場所が増えた			
⑧ 友人グループの話になると口数が少なくなる			
⑨ テレビ、テレビゲームより、インターネット、メール、チャットが好きだ			
⑩ 今なら父親より力があるかもしれない			
⑪ 塾、部活、サークル、習い事を辞めてしまった			
⑫ 不満があると物にあたることが多くなった			
⑬ 不満があると父親、母親にも手をあげそうだ			
⑭ 頻繁に友人を呼び出したり、友人から呼び出しを受けているようだ			
⑮ 親の目が届きにくい友人宅へ入りびたっている			
⑯ 部屋に隠してあるものが多くなった			
⑰ 以前は隠していたものを隠さなくなった			
⑱ 行く場所によって服装を変えているようだ			
⑲ 不明なお金を持っているようだ			
⑳ 不明な物を預かったり、借りたりしているようだ			
	点	点	点

男の子・チェックリスト　Ⅳ

——非行度チェックリスト——

20点～29点

問題はないでしょう。ちょっと心配なのは、「あまりにも上手く親をごまかしている」場合が考えられますので、その点にはご注意を。

30点～39点

今のところ、問題はなさそうです。多少、親子の距離が広がることも正常な発達ですので御心配なく。

40点～49点

非行傾向があるとは限りませんが、子どもと少し踏み込んだ話し合いをする必要があります。「怖がらず」「諦めず」子どもと話し合いをしてください。

50点～60点

高得点ゆえ、非行問題が起きているとは限りませんが、「わからない」が多く、高得点になっているのですから、そこが一番の問題です。

親が大事なことに関心があるのは当然です。あまり子どものことに干渉しないのが、理解のある親ではありません。未熟な面が残る子どもに干渉するのは当然の行為ですから「胸」をはって「関わって」〈関係を図る、関係を持つ〉ください。

《参考》

通常の調査、テスト、アンケートであれば「はい」が高い得点「いいえ」が低い得点で「わからない」が「はい」と「いいえ」の中間の得点である場合が多いと思われますが、ここでは「わからない」という解答に対して、厳しい判断をしました。「わからない」を「どちらともいえない」とは判断しませんでした。「わからない」を「子どもの様子が見えていない」「関心がうすい」「無関心かも……」と考えました。

男の子の
上手な育て方

■思春期の問題への対処

精神疾患は、誰にでも起こりうる

思春期に特有の心理状態について対応策を述べてきましたが、「思春期だから」では済ませられない精神的な疾患が発生していることもあります。「精神疾患」というと何か特殊な病気のようにイメージされるかたも少なくないでしょうが、実際は誰にでも起こりうる症状です。

また、ちょっとした不登校のはずが予想外に長引いてしまい、引きこもりに陥ったりすると、ストレスが高じて、さまざまな精神疾患が起こりやすくなります。

最近では薬物やカウンセリングなど様々な方法で、効果的に症状を和らげることができるようになってきました。原因がきちんと把握できれば、親や学校側、カウンセラー、医師が一体となって、本人にとって最も良い形での支援を考え実行することができます。

繰り返しますが、精神疾患は、誰にでも起こりえます。もしかして……と思ったら、まずは電話で結構ですから、早めに相談をしてみてください。自己診断はせずに、カウンセラーに「見立て」（カウンセラーが判断する場合は、医師ではないので「診断」とはいいません）をお願いするのが、最もやりやすいかと思います。その上で、以下のような具体的な対策を講じていくことになります。

1　医療機関（精神科、心療内科）を受診し、薬物療法（投薬）を含めた治療を受ける。

2　カウンセリングやグループワークを受ける。

3　生活の向上をはかるため、「生活訓練」を受ける。

いずれの場合も、専門家の「見立て」「診断」に沿って、その助言のもと本人と関わっていくことが重要です。

ここがポイント

・精神疾患は誰にでも起こりえます。早めの相談を。
・安易な自己診断に走らず、必ず専門家の助言を受けましょう。

全国相談窓口リスト

●関係機関で相談を受け付けています。まずは相談してみましょう！

子育てで悩んだときは、まず教育・子育ての関係機関に相談してみましょう。とくに思春期の不登校やひきこもりは、長期化すると解決に時間がかかります。学校、家庭内で問題が解決されない場合には、決して放置せず、できるだけ早く対応することが大切です。

●精神保健福祉センター……全国にあります

●児童相談所（0～18歳未満）……全国の各自治体にあります

●教育相談室……全国ほとんどの区市町村にあります

§例えば東京都の場合§

・東京都教育相談センター（0～18歳未満）　03-3493-8008

・東京都児童相談センター電話相談室　03-3202-4152

・東京都青少年センター　03-5500-0336

（教育相談センター、児童相談所、青少年センターなど、全国にほぼ同等の機関が存在します）

●○全国 相談窓口 一覧○●

北海道立精神保健福祉センター	011-864-7121
札幌こころのセンター	011-622-0556
青森県立精神保健福祉センター	017-787-3951
岩手県精神保健福祉センター	019-622-6955
宮城県精神保健福祉センター	022-224-1491
仙台市精神保健福祉総合センター	022-265-2191
秋田県精神保健福祉センター	018-892-3773
山形県精神保健福祉センター	023-624-1217

福島県精神保健福祉センター	024-535-3556
茨城県精神保健福祉センター	029-243-2870
栃木県精神保健福祉センター	028-673-8785
群馬県こころの健康センター	027-263-1166
埼玉県立精神保健総合センター	048-723-1111
千葉県精神保健福祉センター	043-263-3891
東京都立精神保健福祉センター	03-3842-0946
東京都立中部総合精神保健福祉センター	03-3302-7575

東京都立多摩総合精神保健福祉センター	042-376-1111
神奈川県精神保健福祉センター	045-821-8822
川崎市精神保健福祉センター	044-788-1551
新潟県精神保健福祉センター	025-280-0111
富山県心の健康センター	076-428-1511
石川県こころの健康センター	076-238-5761
福井県精神保健福祉センター	0776-26-4400
山梨県精神保健福祉センター	055-254-8644

長野県精神保健福祉センター	026-227-1810
岐阜県精神保健福祉センター （福祉農業会館内）	058-273-1111
静岡県精神保健福祉センター	054-286-9245
愛知県精神保健福祉センター	052-962-5377
三重県こころの健康センター	059-255-2151
滋賀県立精神保健総合センター	077-567-5001
京都府立精神保健福祉総合センター	075-641-1810
京都市こころの健康増進センター	075-314-0355

大阪府こころの健康総合センター	06-6691-2811
大阪市こころの健康センター	06-6636-7870
兵庫県立精神保健福祉センター	078-252-4980
奈良県精神保健福祉センター（桜井総合庁舎内）	0744-43-3131
和歌山県精神保健福祉センター	073-435-5194
鳥取県立精神保健福祉センター	0857-21-3031
島根県立心と体の相談センター	0852-21-2885
岡山県精神保健福祉センター	086-272-8835

広島県立総合精神保健福祉センター	082-884-1051
広島市精神保健福祉センター	082-245-7731
山口県精神保健福祉センター	0836-58-3480
徳島県精神保健福祉センター	088-625-0610
香川県精神保健福祉センター（県合同庁舎内）	087-831-3151
愛媛県精神保健福祉センター	089-921-3880
高知県立精神保健福祉センター	088-821-4966
福岡県精神保健福祉センター	092-582-7500

北九州市立精神保健福祉センター	093-522-8729
佐賀県精神保健福祉センター	0952-73-5060
長崎県精神保健福祉センター	0957-54-9124
熊本県精神保健福祉センター	096-359-6401
大分県精神保健福祉センター	097-541-6290
宮崎県精神保健福祉センター	0985-27-5663
鹿児島県精神保健福祉センター	099-255-0617
沖縄県総合精神保健福祉センター	098-888-1443

★これからの世代の心身の健康を支える、
21世紀最初の国立高度専門医療センター

国立成育医療センター　03-3416-0181

❖監修者プロフィール❖

二子メンタルクリニック院長
医学博士　齋藤　昌　（さいとうさかえ）

昭和15年生まれ。昭和大学医学部大学院精神神経医学科修了後、昭和大学神経科入局。その後東京都立広尾病院神経科医長、東京都立多摩総合精神保健センターリハビリ部長などを務め、多方面で活躍。現在は二子メンタルクリニック院長、医療法人昭友会理事、昭和大学精神科講師を務める。青少年から成人まで、心の悩みをもつ人々の相談、治療、リハビリテーションを行っている。

❖著者プロフィール❖

スクールカウンセラー
臨床心理士　福谷　徹（ふくや　とおる）

昭和31年生まれ。大正大学カウンセリング研究科修了。教育委員会・生活指導相談室・生活指導相談員、南博《みなみひろし》心理研究所・研究委員を経て、現在、目黒臨床心理オフィス（http://www.sheport.co.jp/site/mcpo/）理事、東京都スクールカウンセラー、東洋大学・学生相談室・学生相談員を務める。

＊参考文献＊
◇『読んで学べるADHDペアレントトレーニング　むずかしい子にやさしい子育て』
シンシア・ウィッタム／明石書店
◇『男の子が心をひらく親、拒絶する親』ウィリアム・ポラック／講談社
◇『やわらかな脳のつくり方』吉成真由美／新潮社
◇『脳から見た男と女』新井康允／講談社

❖男の子の上手な育て方❖

2005年10月1日　初版第1刷発行
2007年6月30日　初版第3刷発行

監　　修　　齋藤　昌
著　　者　　福谷　徹
編集協力　　伊藤　温子
　　　　　　勝見　雅江
イラスト　　くどう　のぞみ
装　　丁　　miyuki
発行者　　籠宮良治
発行所　　太陽出版
東京都文京区本郷4-1-14　〒113-0033
電話:03-3814-0471／FAX:03-3814-2366
http://www.taiyoshuppan.net/
印　　刷　　壮光舎印刷株式会社
株式会社ユニ・ポスト
製　　本　　有限会社井上製本所
ISBN 978-4-88469-435-7

※事例について
本書に書かれている事例は、特定の個人や組織についての記載ではありません。
本書の内容をわかりやすく説明するためのフィクションです。